CORRESPONDANCE

TROUVÉE

DANS LE PORTE-FEUILLE

D'UN JEUNE PATRIOTE

ASSASSINÉ

SUR LA ROUTE DE PARIS.

Si la peste avait des places, des honneurs à distribuer, elle trouverait des courtisans qui porteraient la bassesse jusqu'à préconiser ses ravages, et à crier anathème contre ceux qui n'aiment pas la peste.

MABLY.

A PARIS,

Chez LEROUX, Libraire, Palais-Égalité, n°. 173,
et chez les Marchands de Nouveautés.

———

AN 6 DE LA RÉPUBLIQUE.

AVIS.

La célérité de l'impression a laissé échapper tant d'erreurs dans le texte, qu'on est forcé d'engager le lecteur d'aller à l'Errata, avant de commencer sa lecture.

ERRATA.

Page 19, de l'honneur, *lisez* de l'homme.
Page 41, vous avoir dominé, *lisez* nous avoir dominé.
Idem, fête, *lisez* fêté.
Page 45, la force, *lisez* sa force.
Page 48, la virgule avant *par-tout*.
Page 49, ne loue, *lisez* ne le loue.
Page 52, pris dans la classe, *lisez* dans des classes.
Page 59, le point et virgule après *novateurs*.
Page 61, la loi naturelle de l'homme, *lisez* dans l'homme.
Idem, de toute la loi, *lisez* de toute loi.
Page 64, qu'on ne peut l'appliquer, *lisez* l'expliquer.
Page 76, faisons un parti avec elle, *lisez* un pacte avec elles.
Page 79, engendre-t-il plus de biens, *lisez* autant de biens.
Idem, admirer son existence, *lisez* adoucir.
Page 81, de la consistance, *lisez* la consistance de l'habitude et de l'intérêt personnel.
Page 83, en croupissant dans ces individus, *lisez* dans les individus.
Page 87, les misantropes heureux, *lisez* ces misantropes haineux.
Page 88, prérogation, *lisez* prérogative.
Page 89, que fait encore, *lisez* que suit encore.
Idem, plus pénible, *lisez* moins pénible.
Idem, si magnanimes, *lisez* si magnanime.
Page 93, les hommes élevés, *lisez* ces hommes.
Page 94, se confondraient, *lisez* se confondaient.
Page 96, remplir vos ames, *lisez* nos ames.
Page 98, bravons, *lisez* braver.
Idem, la surface, *lisez* sa surface.
Page 99, tyrans ou avares, *lisez* tyrans et avares.
Idem, ne flottera plus de vaisseau, *lisez* ne flottera de vaisseau.

AVERTISSEMENT

DE L'ÉDITEUR.

Ces Lettres ont été trouvées par un Voyageur, sur le corps encore sanglant de Théodore. Malgré leur incorrection et le peu de proportion qu'on y trouvera, avec la grandeur du cadre que chacune d'elles embrasse, les réflexions noyées çà et là dans la foule des raisonnemens, ont été jugées assez justes et assez intéressantes, pour être connues du Public. Théodore, habitant depuis quelque tems la campagne, où il se reposait des fatigues de la révolution, au sein de sa famille et près de Junie, son amie, renonce à son doux loisir, pour aller à Paris solliciter de l'emploi dans une Administration; et après y avoir séjourné inutilement, et sans autres relations que celles qu'il avait soin d'entretenir avec Junie, son ami Martin et sa famille, s'étant mis en route pour retourner chez lui, il est assassiné à quelques ij

lieues de Paris : telle est la circonstance qui a donné lieu à ces Lettres.

La correspondance roule entre trois personnes, toutes trois de caractère différent ; Junie, toujours sensible et romanesque, l'est quelquefois avec enjouement, mais trop souvent avec réflexion ; elle raisonne, et alors elle est extrême. Martin est ordinairement un froid raisonneur, qui, de tems en tems, rencontre vrai ; et Théodore, plein d'ame et de vivacité, occupé de son amour, mais entraîné par le patriotisme, laisse échapper de ce combat, tantôt des murmures, tantôt des saillies d'enthousiasme sur notre situation politique, qui font plus vivement regretter sa malheureuse fin. Cependant nous osons assurer que, ni les plaisanteries de Junie, ni les raisonnemens de Martin, ni les plaintes de Théodore, ne seront désavouées par le rigide patriote, et qu'il reconnaîtra, dans plusieurs traits, une censure juste et fondée en raison.

M. J. S.

CORRESPONDANCE

TROUVÉE

DANS LE PORTE-FEUILLE

D'UN JEUNE PATRIOTE.

LETTRE PREMIÈRE.

Martin à Théodore.

JUNIE t'aime toujours, mon cher Théodore, et elle se plaît à appeler ton voyage à Paris, un voyage aux Petites-Maisons : ce n'est pas qu'elle regarde les habitans de Paris comme des fous, mais c'est une folie pour elle que de quitter la tranquillité des champs et la société de Junie, pour offrir au Gouvernement, des services dont il ne se soucie pas. Elle dit : Dans l'idée que je me suis faite d'un Gouvernement ami inflexible des patriotes, que faudrait-il pour être placé ? Du civisme, de l'intelligence, et la recommandation des Députés probes de son Département : ce sont les moyens de Théodore. Lorsqu'un Ministre lui dira, en le refusant poliment, que tout cela se trouve dans ses Bureaux, il ne prendra point ce Ministre pour un menteur, et il est homme à s'en retourner, persuadé que toutes les places sont dignement occupées, et peut-être satisfait, comme ce Lacédémonien, qu'il se soit trouvé des hommes meilleurs patriotes que lui.

Quoique jeune, il a assez d'expérience et de lecture, pour savoir que l'homme est toujours homme, quoiqu'on fasse, et de quelqu'habit qu'il soit vêtu; mais il s'imaginera que sous un régime populaire, eu égard à celui de la Cour, un Directeur doit se permettre moins de faiblesses qu'un autre homme, et qu'il ne doit point s'entêter d'un ridicule népotisme, quand ses parens n'ont pas la confiance de cette voix publique qui l'a fait ce qu'il est, et qu'il est forcé de respecter s'il est homme de bien.

Il s'imaginera qu'un Ministre assez adroit pour se placer dans le tems des dissentions, comme une espèce de Mazarin, entre les deux partis, et parvenu par manière de rapprochement, à surprendre, avant la victoire de la bonne cause, le suffrage du Directoire, ne saurait être conservé sans compromettre des intérêts plus chers que ceux qu'on peut retirer de ses talens; que ses importans services dans la révolution n'empêchent point la réputation qu'il s'est acquise d'homme versatile ; qu'ils n'empêchent point que son nom n'inspire de continuels soupçons sur les liaisons de parens ou amis qu'il n'est pas au pouvoir du cœur humain d'abandonner ; que sa dextérité à profiter de toutes les occasions brillantes qui peuvent le montrer avec éclat aux patriotes, est un artifice aussi inséparable des gens d'église, qui savent combien la pompe des cérémonies leur profitait aux yeux du peuple, que la docilité et la souplesse de la flatterie l'est d'un courtisan qui sait combien elles lui profitaient devant les Grands; que la galanterie et le manége des femmes l'est d'un homme du monde, instruit dans l'art des séductions.

Il s'imaginera, enfin, que des Magistrats républicains ne pourraient trouver du plaisir à humer l'encens d'un rejeton de Maison souveraine; qu'à leurs yeux, un homme nouveau comme Cicéron doit valoir mieux qu'un patricien recommandé par des ancêtres, et qu'aux yeux des autres Nations, le faste d'un nom déjà connu, ne vaut pas le crédit qu'un Ministre loyal peut concilier à ses fonctions, au moyen de son caractère.

J'ai été romaine pendant un tems, comme Théodore, dit-elle; alors je pensais d'après mon cœur; maintenant je ne pense que d'après mes observations, et j'ai laissé Théodore romain : cela ne me dispense pas d'être française, et, comme amante d'un patriote français, de faire des vœux pour tout le bien que l'état actuel de mon pays est capable de comporter : ce qui fait la différence de mes sentimens avec les siens, c'est qu'il voudrait faire accepter ses vœux à ceux qui n'ont l'air d'en faire que pour eux-mêmes, et que je me contente de garder les miens, crainte de les avilir. D'ailleurs, à force de regarder les hommes du côté des affaires et d'un œil intéressé, Théodore ne peut se dépouiller de cette condescendance que l'on a malgré soi pour tout ce qui est à notre usage. Cette condescendance n'est d'abord que dans les manières; mais quand elle tourne en habitude, il faut qu'elle passe dans les sentimens; c'est une illusion qui gagne à la fin les honnêtes gens comme les fripons, et c'est ce qui produit en eux des démonstrations d'une si grande vérité, que nous ne pouvons cesser d'en être étonnés lorsque nous connaissons le fond de leur pensée ; mais nous, femmes, qui nous tenons à l'écart du tourbillon, notre jugement n'est point offusqué de pareils brouillards, et nous considérons moins les hommes par ce qu'ils font, que par ce qu'ils sont.

Que

Que dans la chaleur d'un dîné on parvienne à extorquer un acte de justice à un homme en place, combien ne lui extorque-t-on pas d'injustices et de faveurs pour d'indignes sujets, et combien de fois le patriotisme n'a-t-il pas été réduit à desirer que la cuisine française fût moins bonne, que les dames fussent moins galantes, et que l'on fût plus attentif à ne pas noyer les devoirs dans les plaisirs! Quel compte faut-il tenir à quelqu'un d'une bonne action qu'il a faite, sans savoir ce qu'il faisait? On lui en ferait faire ainsi tant de mauvaises, que celle-ci ne doit pas compter.

Théodore n'a garde de voir cela, ou s'il le voit, l'idée sublime qu'il a de nos patriotes le trompe; le personnage le frappe plus que l'homme, et il ignore qu'aujourd'hui, comme du tems de l'Ingénu, le mérite nécessaire est de donner à dîner si l'on a de l'argent; de prostituer sa maitresse si l'on n'en a pas; d'être le valet d'un autre, malgré l'égalité, ou le complaisant d'une femme en crédit, voilà les chances favorables de notre roue de fortune. Eh! quoi, lui dis-je, la révolution de fructidor ne s'est-elle pas faite pour le peuple, et faudrait-il être réduit à dire, comme cet âne sensé: que m'importe!

Oh! non, me dit-elle : il s'est fait des cha*

B

gemens en bien, mais je veux dire que le naturel revient toujours, jusqu'à ce qu'on le change. Nous sommes les enfans de notre siècle ; nous avons été formés sous des institutions monarchiques, et l'on voudrait nous voir changer sans que nos Directeurs y missent la main, sans que du moins ils fissent les frais de l'exemple ! Ne sait-on pas combien l'exemple des Grands est puissant chez les Français, naturellement portés à l'imitation ? L'exemple de la Cour suffisait autrefois pour maintenir la Nation dans l'amour de la monarchie, en dépit d'une instruction républicaine, et l'exemple du Gouvernement actuel, sans instruction, ne pourrait pas nous maintenir républicains !

Vous me direz que les Directeurs sont aussi les enfans de leur siècle : à cela que répondre, si ce n'est qu'il ne faut point accepter de place qui exige le stoïcisme de la vertu. Comment faire respecter les lois, si l'on n'est soi-même respectable ? On a beau faire, la loi ne peut régner d'elle-même, et elle emprunte toujours plus de dignité du caractère de l'homme, que de sa puissance. Que diriez-vous d'un Instituteur qui s'avilirait, par de mauvaises mœurs, aux yeux de ses Elèves ? croyez-vous qu'en les assommant de coups il parvînt à imprimer le respect à son réglement ? Si vous avez vu la mauvaise pièce de Denis le Tyran, Maître d'Ecole à Corynthe, vous avez vu combien la droiture des sentimens est absolument nécessaire pour gouverner des enfans, comme pour gouverner des hommes. Si les Français avaient des mœurs conformes à l'esprit de leur constitution, alors le Pouvoir exécutif n'aurait qu'à faire exécuter les lois ; mais ayant des mœurs très-relâchées, l'intention du Législateur a dû être aussi de charger le Directoire du soin de les réformer par la destruction des vices et des préjugés ; or, si la protection qu'il accorde aux Téophilantropes, me fait voir qu'il songe à détruire les préjugés, rien ne me prouve encore qu'il ait songé à détruire les vices.

Et comment, tant qu'un Directeur accueillera plus volontiers un homme de plaisir, un homme maniéré pour faire les honneurs du palais, qu'un homme de conseil pour faire honneur à sa personne, Théodore pourrait-il espérer d'être placé ? Il entendra sonner sans cesse à son oreille les mots de patriote, patriotisme, et il verra placer des Agréables d'un patriotisme très-suspect, comme si l'on était plus jaloux de conserver à la Nation la réputation de politesse qu'elle s'est acquise, que de lui acquérir celle de fidélité aux lois de sa constitution ; comme si l'on devait prendre des Commis au Palais-

Royal, comme on y prend des poupées, et qu'il fallut s'exposer à avoir des traîtres chez soi, afin d'y avoir des gens à tournure !

Quelle inconséquence ! quelle légèreté ! Les Anglais font-ils de pareils solécismes en administration, et voit-on chez eux l'ascendant des manières, rivaliser avec le mérite des qualités ?

Je ne te rends qu'une partie des réflexions de Junie, mon cher Théodore ; pour moi, je ne la regarde plus que comme les anciens Germains regardaient leurs femmes, qu'ils croyaient animées de l'esprit divin. Junie a une raison cultivée, comme tu sais, et un caractère ; et je ne l'entends jamais raisonner, que je ne blâme ceux qui veulent interdire le raisonnement aux femmes dans les choses abstraites ; cependant, ses opinions, en passant par mon esprit, doivent s'éteindre, et il n'appartient qu'à l'amour, mon cher Théodore, d'en sentir toute la vivacité et l'énergie. Adieu.

LETTRE II.

Junie à Théodore.

DE quels fantômes entretiens-tu ton esprit, mon cher Théodore, et que parle-tu de servir la république ? ne sais-tu pas que les places sont moins regardées depuis long-tems comme des charges à remplir, que comme des bénéfices à exploiter; que l'idée qui se présente toujours, même involontairement, à celui qui les dispense, est moins d'accorder le droit de servir la république, que l'avantage d'en être servi; que par conséquent toute place donnée est plutôt une faveur gratuite faite au demandeur, qu'une justice mutuelle entre la république et lui, et que la patrie donnant par les mains d'autrui, ce n'est pas elle, à proprement parler, qui donne. Dans le Dictionnaire de nos droits c'est la même chose, me dis-tu; moi je t'assure, malgré mon incompétence en matière politique, que dans le Dictionnaire de nos mœurs c'est tout différent; que l'intérêt ayant déplacé les termes, en se mettant au premier rang, l'esprit a nécessairement changé ses idées; et c'est tout ce qu'on pouvait attendre de cette théorie philosophique de l'intérêt, si propre à justifier, par des principes, les sentimens les plus contraires au bien public.

C'est effectivement, Théodore, comme si tu me disais qu'à une table bien servie où les convives ne s'entendent pas et ne s'entendront jamais, à cause de la diversité des langages et des appétits, l'intérêt veut que tu attendes que les autres soient servis pour te servir. Eh! quoi! lorsque les hommes parlent de leurs intérêts, nul ne s'entend? ils sont au contraire d'un commun accord sur leurs inclinations sociales, dont ils ont une conscience aussi certaine qu'uniforme, et l'on veut que l'intérêt forme, en quelque façon, la clé de leur harmonie! Il n'est pas douteux que la concorde ne fût plus forte, si les intérêts pouvaient parfaitement s'unir; mais cette réunion étant la quadrature du cercle en politique, c'est, ce me semble, se consumer en efforts aussi funestes qu'inutiles que d'y songer. D'ailleurs, comme tu l'as souvent observé, ou les anciens, en déduisant la doctrine des mœurs des inclinations sociales, étaient des fous, ou c'est nous qui le sommes en la déduisant de l'intérêt : sur ce point, il ne s'agit que de la pratique, et il y a long-tems que la pratique a décidé. Mon ami, une raison plus calme a fait justice de quelques erreurs de la philosophie moderne, telles que la loi agraire, la communauté des biens, la démocratie pure, etc.; mais il nous reste à étouffer une erreur qui tient encore de plus près à la société, qui la ronge par les mœurs : c'est l'intérêt personnel, considéré comme motif réfléchi de toutes nos actions.

Cet intérêt personnel, mon cher Théodore, que nous sommes si loin d'avouer, nous, dans nos sublimes spéculations, était, avant fructidor, dans les principes et dans les sentimens de la partie éclairée du peuple; crois-tu que depuis fructidor il n'y soit plus? Or, si tu n'as rien à dire à cet intérêt, par la flatterie, par la gourmandise, par les plaisirs, ou de toute autre manière; si tu n'en veux qu'à l'intérêt général, retire-toi, laisse la carrière aux ambitieux, qui sauront mieux la courir que toi. Pourrais-tu prendre la posture d'un suppliant en demandant une justice? Ah! s'il ne s'agit que de graces et de faveurs, borne-toi à celles de ta Junie, ce sont les seules qui n'humilient pas; laisse les envieux, les intrigans se dénoncer, se caresser, se tromper de mille manières pour attraper le droit de voler ou de trahir l'État : est-ce ainsi que Théodore doit agir? Toute guerre de ruse avec ses concitoyens est indigne de lui; toute collation d'emploi qui exige d'autres formalités que des attestations de civisme, et des preuves de capacité, est indigne de lui. Irait-il avilir dans son cœur l'image de Junie, et pourrait-il ensuite se présenter à elle sans altérer la sérénité de son front ? Si tu peux arriver à tes fins par des moyens que je puisse avouer, à la bonne heure; le peu de bien que tu feras sera au moins dans la commune perversité; mais alors ne viens plus me parler de gloire ou de réputation; si tu fais quelque bien, tu seras nécessairement obscur; et si tu parvenais à t'élever, apprends qu'il n'y a souvent que les hommes méchans, ainsi que les méchantes femmes, qui fassent parler d'eux.

Et comment, à moins d'avoir les grandes facultés d'un Bonaparte, dans la guerre, ou d'un Sully, dans l'administration, l'estime du public viendrait-elle te saisir parmi la foule ? Quels secours trouverais-tu pour t'aggrandir, dans cette immensité de petites combinaisons aussi nécessaires pour te maintenir en place que pour y entrer ? O mon cher Théodore ! si tu ne peux prétendre à la gloire du génie, ne dessèche point ton ame, et ne rétrécis point ton esprit dans ce champ de velléités, où l'amour-propre s'emprisonne, et qui l'empêchent de voler vers la grandeur; regarde cette perspective de la vertu qui ne périt pas, et hésites encore, si tu l'oses, entre la gloire et l'utilité d'être d'être le dieu tutélaire d'un petit hameau avec Junie, et celle de jeter, au milieu d'un monde corrompu, un bien imperceptible, toujours empoisonné ou méconnu, toujours disputé par l'envie, et dont on n'acquiert le droit qu'au prix de son honneur.

LETTRE III.

Théodore à sa Famille.

JE vous écris, mes amis, le cœur encore plein de celui que mon admiration, mon estime et mon amour ont long-tems cherché; j'ai vu Bonaparte : c'est comme disait Ovide : J'ai vu Virgile. — Il n'y a en effet que le génie et la vertu qui méritent d'être vus. Si nos Ministres, nos Directeurs n'étaient pas des Magistrats populaires, ils ne mériteraient d'être vus que pour l'habit, par la même curiosité qui faisait qu'on allait voir la Cour; s'ils avaient fait de la journée de fructidor, une affaire de parti, s'ils en avaient tourné le succès à l'accroissement de leur puissance, on craindrait de les approcher, on les fuirait, et loin de leur accorder l'avantage de l'intelligence et du courage, on dirait d'eux comme on le disait de l'Empereur Claude : qu'il suffit d'être Empereur pour pouvoir faire du mal.

Si notre Bonaparte n'était qu'un grand guerrier, ce serait un fléau de plus à ajouter à tous les autres, et il faudrait le célébrer comme les Conquérans le sont dans l'Ode à la Fortune ; mais, chers amis, oublions qu'il est notre contemporain, pour ne pas le regarder avec l'œil de l'intérêt et de la prévention. Si c'est le génie qui fait le héros, c'est l'alliance du caractère et du génie qui fait le grand homme ; c'est par le caractère que nous, hommes vulgaires, pouvons l'apprécier. Dédaigner de se faire proclamer Prince en Italie, de monter au Capitole, ou d'être, en France, Chef d'un grand parti, voilà un exemple unique dans l'histoire des Guerriers politiques ; il ne pouvait être donné que par un homme qui a mis dans son ame, comme dans son jugement, la gloire d'une ambition temporelle au-dessous de cette gloire éternelle de la vertu ; dont le sort reste confié à la gratitude durable d'une Nation, et à la conscience immuable des hommes.

Le plus grand homme de l'antiquité était assurément cet Epaminondas, qui refusa constamment de servir dans les discordes civiles des Grecs ; qui ne voulut user de sa tête et de son bras que contre l'ennemi extérieur ; un plus grand homme est celui qui a écrasé les auteurs mêmes des discordes civiles, et qui, depuis, est devenu l'admiration du monde sur le sol étranger.

On l'a beaucoup loué à cause de son âge ; je ne sais si cet éloge n'appartient pas plus aux femmes et au vulgaire qu'à l'homme sensé, à moins que ce ne soit pour ses connaissances et ses talens ; mais quant à la prudence, la modestie et l'humanité, qui sont la base de sa carrière héroïque, qui l'ont suivi dans l'humble asyle où il se dérobe aux fêtes de la paix, si nous les gravons sur le piedestal de la statue que la patrie lui décernera sans doute, gardons-nous d'y écrire son âge : celui qui, à vingt-huit ans, trouve dans son génie de quoi intéresser les siècles à venir, dégraderait-il un caractère naturellement magnanime, pour étourdir son siècle d'un vain bruit ? Non : c'est à la disposition naturelle de son ame que nous devons ce qu'il y a d'étonnant dans ses qualités ; car on naît magnanime et vertueux, et on ne le devient pas.

Ainsi, tous les traits de générosité que l'histoire nous fait admirer dans plusieurs de ses héros, sont bien plus la coquetterie de l'amour-propre, que la saillie d'une grande ame ; mais s'il faut vous dire le résultat de mes observations sur Bonaparte, naturellement recueilli et méditatif, je crois qu'il fait tout sérieusement, plus pour mériter son propre témoignage que celui des autres ; et il est à cet égard, comme Junie le dit de certains de nos amis, qui sont d'autant plus vantés, qu'ils songent moins à l'être. Voyez comme cette noble politique de la véritable grandeur qui n'en a point, va mieux au but que toutes ces misérables intrigues de l'ambition et de l'amour-propre sans génie. Adieu, mes amis, adieu Junie ; lis cette lettre, elle est digne de t'intéresser, et de faire diversion à ta mélancolie.

LETTRE IV.

La Mère de Junie à Théodore.

Le séjour que vous faites à Paris, mon jeune Citoyen, nous donne des espérances que Junie s'efforce de nous enlever ; elle nous dit que la constitution des choses s'oppose au succès de vos prétentions, et que c'est précisément parce que vous avez du mérite que vous n'obtiendrez rien. De mon côté, cher Théodore, je desirerais bien un gage de votre bonheur commun, qui fût moins incertain que les projets que l'on fonde aujourd'hui sur son mérite. Je suis loin, néanmoins, de partager la fière résolution de Junie, qui veut vous engager à laisser votre mépris à ceux à qui vous ne pouvez faire accepter vos qualités ; je suis moins ennemie de votre gloire ; et si, avec de la persévérance, vous arrivez au but, je suis persuadée que Junie préférera être la femme d'un citoyen qui utilise ses talens, que celle d'un cultivateur qui s'emploie à des occupations que tout le monde peut remplir.

Je pense, comme vous, qu'en général notre Gouvernement est bien intentionné, mais je pense, comme Junie, que trop souvent on le séduit. Les Journaux nous apprennent de tems en tems l'arrestation de quelques Emigrés et de quelques Anglomanes ; mais est-on assez en garde contre les anciens amis des Emigrés ? c'est à vous, mon cher Théodore, à en juger ; moi, je dois me borner, comme mère de Junie, à desirer votre bonheur, et votre avancement, comme française. Adieu, notre ami.

Junie ne parle que de Bonaparte, depuis le portrait que vous nous en avez fait ; elle voudrait le voir ; sa curiosité est bien naturelle ; mais elle ne l'espère pas : pour moi qui l'espère toujours, je songe à rassembler nos moyens d'existence, afin d'aller nous réunir à vous, et marier notre félicité commune à l'exercice de vos vertus civiques.

LETTRE V.

Martin à Théodore.

L'AMITIÉ qui me lie à Théodore dès mon enfance, ne m'empêche point de songer à l'histoire de Jeannot et Colin, toutes les fois que tu manques de m'écrire ; pardonne ce scrupule à l'amitié, car dans le fond je te crois trop bon citoyen, pour devenir jamais un monsieur de la Jeannotière. Hier, allant lever les lacets au coin du bosquet avec Junie et sa mère, je lui disais cette plaisanterie, en me montrant jaloux de ce qu'elle avait plus de tes lettres que moi. Ha! ha! dit-elle, vous voulez me rivaliser: ce serait la première fois que l'amitié l'aurait emporté sur l'amour; mais nous verrons; je ne veux pas qu'il vous néglige; et si je lui laisse du tems pour visiter ses Députés, pour faire ses inutiles pétitions et fatiguer de son mérite importun, les oreilles des Ministres, je veux qu'il m'en donne pour ses amis.

Il est si bon, mon pauvre Théodore, que du

moment qu'un Ministre est convenu de son mérite, et qu'il y a une place vacante au Bureau, il croit que tout est fait, et ce n'est qu'à la trentième fois qu'il s'apperçoit que ce grave personnage de Ministre se fait un amusement de le faire aller et venir, à-peu-près comme un enfant s'amuse à tromper un passant qui lui demande la rue. Voilà comme il use son tems; il a pris toute la peine des avances, et c'est quelqu'oreille de chien ou quelque tête à la Brutus qui, sans pétition, s'asseoit à sa place. En vérité, à voir le goût que quelques membres du Gouvernement ont pour la toilette de leurs Commis, ne dirait-on pas que nous sommes au tems des mignons d'Henri III, ou du berger Alexis ?

Vous savez combien les dames sont sensibles à la parure de leurs amans, moi, dit-elle, j'ai trouvé dans Théodore une disposition naturelle à la propreté, et je ne lui ai pas demandé autre chose : il me semble qu'un Ministre ne devrait pas être, sur ce chapitre, plus difficile que moi, sans quoi il s'expose à passer, ou pour un sans-culotte, qui juge de l'honneur par l'habit, ou pour un maître qui affecte un costume à ses commis comme à ses laquais, ou . . . . car ici tous les extrêmes viennent se confondre.

Mais quand Théodore sera d'un autre âge, ce sera bien pis; s'il faut à sa jeunesse de la parure, on demandera des manières à son âge mûr; et s'il n'apprend déjà la pantomime et la déclamation, je prévois qu'il sera pour toujours inutile à sa patrie. Ce n'est pas que le Gouvernement, pour son compte, affecte beaucoup les gestes et les déclamations; au contraire, rien n'est plus grave que ses actes publics, rien qui imprime plus un caractère de noble simplicité et de franchise. Pourquoi donc aime-t-il tant autour de lui les gestes élégans, les pieds de grue, même ceux qui boitent avec noblesse? ne trouve-t-il pas tout cela à l'Opéra? C'est assurément, de sa part, une illusion : chassez-lui ces fantômes qui parlent plus à son imagination qu'à sa raison, et vous aurez chassé les sauterelles d'Egypte, et vous aurez chassé ceux qui l'empêchent de garder, dans le déshabillé comme en public, le caractère austère et imposant dont il a besoin pour la **régénération des mœurs**; mais

> Souvent un peu de vérité
> Se mêle au plus grossier mensonge.

Voyons donc ce que dirait Momus s'il avait à parler aux Dieux sur ce sujet.

C'est par les signes extérieurs que l'on peut découvrir

découvrir ce qui se passe dans le cœur de l'homme ; ainsi, d'abord, vous avez jugé du patriotisme des Français par leurs sacrifices; de celui de leurs Représentans par leur lutte contre les factions ; de celui de leurs Guerriers par leurs victoires, et de celui de leur Gouvernement par la paix. Vous jugez ainsi, tous les jours, le talent d'écrire, par les écrits; le talent d'administrer, par les projets ; le talent de commander, par les exploits; le talent de négocier, par les négociations, et l'intégrité franche du citoyen, par le parti qu'il a affecté dans les occasions périlleuses; mais ceux qui n'ont ni sacrifices, ni combats, ni victoires, ni travaux, ni écrits, ni projets, ni exploits, ni négociations, ni parti antérieur, ni intégrité à produire, comment les jugerez-vous? Si vous ne les pouvez juger par leurs actions, il faut donc les juger par leurs gestes, ou ne pas les juger du tout.

Voyez quelle candeur, quelle ingénuité dans leurs manières, quelle noble confiance à se présenter! voilà pour le cœur; quelle aisance dans le port, quelle vivacité dans les yeux, quel accent, quelle flexibilité d'organe! voilà pour l'esprit. Si la physionomie est le miroir de l'ame, combien ne devez-vous pas accorder de confiance à celui qui n'hésite jamais en par-

lant, et qui vous regarde entre les deux yeux ? Voilà mon talisman ; sur la scène je m'en sers pour émouvoir le spectateur ; dans un cercle, à persuader la compagnie, et dans le cabinet, à séduire un Ministre ou un Directeur : c'est ce qu'on appelle éloquence du corps, que possèdent supérieurement les gens qui s'y sont exercés dans l'ancien régime : c'est d'elle que parle Helvétius, quand il dit : « Ce qui fait le
» plus illusion en faveur des gens du monde,
» c'est l'air aisé, le geste dont ils accompagnent
» leurs discours, et qu'on doit regarder comme
» l'effet de la confiance que donne nécessaire-
» ment l'avantage (disons maintenant la pré-
» somption) du rang. Ils sont fort supérieurs
» aux gens de lettres ; or, la déclamation, dit
» Aristote, est la première partie de l'élo-
» quence : ils peuvent donc, par cette raison,
» avoir l'avantage dans des conversations fri-
» voles sur les gens de lettres, etc. » (*Discours premier, note du chap. IX.*)

Il est donc une raison naturelle, et assurément respectable, de l'effet invincible des manières, ou, si vous voulez, des momeries. C'est ainsi que nous prenons quelquefois Lainez pour un empereur, Rousseau pour un Orphée, et mademoiselle Lange pour une vestale ; et pourquoi ne prendrions-nous pas des chevaliers du poignard pour des patriotes, des gentilshommes décorés pour des amis de l'égalité, et des évêques pour les collègues fraternels de curés à portion congrue.

Demandez à madame la baronne de St....; qui possède également la physique et la métaphysique, elle vous expliquera mieux que moi, et avec telles preuves que vous voudrez, qu'être et paraître ne sont qu'un. Quel dommage que cette digne élève soit perdue pour la France ! Physicienne comme Ninon, métaphysicienne comme son père, comment remplacer un tel assemblage de qualités? Ce n'est pas qu'on ne trouvât encore quelque Ninon, et plus jolie que la Baronne : en cherchant parmi les Ministres, c'est infaillible, tant que nous aurons des gens de goût à la tête des affaires ; mais pourquoi les yeux de nos Cinq n'ont-ils pas voulu voir, leurs oreilles entendre, leur esprit concevoir, leur cœur s'attendrir, leur imagination s'émouvoir pour la Baronne: oh ! vous lui paierez ce tour-là, Barras, Laréveillère, Rewbel, François de Neufchâteau, Merlin : si Robesbierre, en mourant, laissa une queue, celle-ci, en partant, vous en a laissé plusieurs.

Et moi, afin de la seconder, je ferai tous mes efforts pour que vous ne voyiez que des masques ; vous aurez beau les chasser, il en reviendra toujours ; vous serez entraînés par une illusion invincible ; vous croirez saisir des corps, vous ne saisirez que des ombres ; après m'être emparé de votre cœur, je m'emparerai de votre raison, et je parviendrai à vous persuader que la gloire de la France est moins dans la sagesse et les travaux d'un Directoire républicain, que dans l'affectation de rivaliser l'ancienne Cour par le ton et l'élégance des manières ; que son crédit chez les étrangers dépend plus de l'air de grandeur avec lequel ils sont reçus, que de la franchise réelle et de l'affabilité qui convient à un peuple tout-puissant et magnanime, qu'enfin, aujourd'hui comme auparavant, l'honneur du Gouvernement est que le Français passe pour aimable, plutôt que pour vertueux, et que sa réputation suive la destinée de ses merveilleuses, de ses incroyables, et de son Palais-Royal, comme autrefois elle suivait celle de l'Opéra.

Vous aurez beau rappeler, de tems en tems, la force de votre caractère, toujours la mode se transformera, et les plus graves y succomberont, préférant être fous avec tout le monde, que sages tout seuls. Si vous trouvez mal-séant qu'un bon citoyen adopte les ornemens et la coquetterie d'un fat, on dira que vous vous occupez de costumes, et le ridicule vous écrasera; vous lutterez quelque tems, vous l'emporterez, mais l'ennemi reparaîtra, et vous succomberez, de guerre lasse ; vous serez en costume de Directeurs, et vos commis seront en costume de Chouans ; on prendra faussement le vieux proverbe, qui dit que *l'habit ne fait pas le moine* ; on s'amusera à le parodier, et vous resterez convaincus ; vous croirez que le costume est indifférent pour l'honnête patriote, quoique vous le jugiez très-important pour le fonctionnaire public; vous croirez que l'attention à concerter ses discours et ses manières ne décèle pas plus la crainte de se laisser pénétrer, ou l'intention de surprendre, que la candide simplicité d'une ame droite et sans reproche ; vous croirez à la coquetterie des femmes, et non pas à celle des hommes; à la coquetterie de l'amour, et non pas à celle de l'ambition.

Vous croyez que je me réfute, citoyens Directeurs, en donnant ici les manières comme un signe de fausseté ou de perfidie, détrompez-vous; je veux vous montrer l'ascendant de la vérité dans ce motif de certitude, puisqu'il vous sera impossible, dans aucun sens, de supposer le faux. Les actions que le patriotisme vous rappelle sont absentes, et vous laissent la faculté de réfléchir ; les manières sont présentes, et elles vous gagnent sans réflexion : quel est donc l'avantage de ceux qui ont des manières à faire valoir, sur ceux qui ont des actions à produire ? ceux-ci ne sont que des citoyens, les autres sont des intrigans.

C'est ainsi, mon cher Théodore, que Junie nous amuse en même tems qu'elle nous instruit. Elle nous dit souvent qu'à Paris, on est sur la scène ou en face, tandis que, dans la province, on est derrière. Eh bien ! lui dis-je, si Théodore n'a rien de vrai que lui à nous rapporter de ce pays-là, il en rapportera des contes, si toutefois il lui arrive de ne pas y être placé. Oh ! je réponds bien, dit-elle, qu'il ne le sera point ; les Dieux réservent son mérite à ses amis et à Junie ; il aura offert ses talens et ses vertus à sa patrie, c'est assez pour se retirer sans remords dans mon sein. Que tu serais donc heureux, Théodore, si tu connaissais ton bonheur !

LETTRE VI.

Théodore à Junie.

Que tu es loin de ton siècle, ma Junie ; ne rougis-tu pas de m'adresser, dans la métropole du goût, ces vieux mots de terre natale, toît domestique, piété filiale, union fidelle de l'amour, et ces mots mille fois plus antiques et plus étranges dans la bouche d'une femme de patrie et d'amour des lois; est-çe à une femme à parler de ces choses, et ne doit-elle pas y être aussi indifférente, mariée ou non, que si elle n'avait ni amant ni mari. Que tu as les mœurs bourgeoises, et combien tu ignores la science qui fait la gloire de ton sexe; sors de l'obscurité, et admires du moins les merveilles de la mode, si tu ne peux les imiter; rends hommage à cette reine éternelle de la France, du fond de ton heureuse retraite, comme un Ministre disgracié rendrait hommage à l'opinion, reine de l'Univers, du fond de son exil: tu borne tes conquêtes à l'amour, à l'amitié, à la vertu, et tu oublies le grand art qui peut les multiplier à l'infini, et te rendre célèbre parmi les femmes, comme Bonaparte l'est parmi les hommes.

Un ancien disait que la beauté est une courte tyrannie, la mode seule apprend à rendre cette tyrannie durable et à la transporter à la laideur; et c'est aux Français que le sexe féminin en doit l'invention! La mode est une beauté artificielle, qui, à Paris, fait presque oublier l'autre. Sans elle, des graces de quinze ans paraissent vieilles à l'inconstance parisienne; il faut que la mode leur donne l'éclat de la fleur d'un jour; par elle la mère de famille est flattée de se trouver sur la même ligne qu'une jeune vierge, et la grand-mère décrépite, de ressusciter à la nouveauté, après soixante hivers. Les femmes se plaignent par-tout de la rapidité du tems, les parisiennes y trouvent un remède, et c'est un spectacle vraiment merveilleux de voir trois ou quatre générations s'avancer de front vers le tombeau, comme si elles étaient de la même date.

Souvent l'on se croit à l'Opéra, les yeux fixés sur une beauté antique, et on n'est détrompé que lorsqu'on voit la vieille comme la jeune payer de sa personne, remplacer le mérite réel par l'envie de plaire, et à la faveur de ses atours, supplanter de tems en tems et la beauté et la jeunesse.

Long-tems la coëffure des perruques, qui dure encore, a fait douter si les jeunes demoiselles, par un esprit de parodie plein d'irrévérence, avaient voulu insulter aux vieilles dames, ou si les vieilles dames, ne pouvant se rapprocher de la jeunesse, avaient cherché à les rapprocher d'elles; les robes plissées à demi-taille, plus propres à escamoter quelque difformité qu'à marquer les formes, ont fait penser que c'était l'invention de quelque bossue qui y avait trouvé un moyen de se redresser en quelque façon;

façon, et de s'effacer parmi la foule, comme si la finesse d'esprit dont la nature dédommage les personnes disgraciées, elles l'avaient appliquée à se corriger en disgraciant les autres ; ce n'est pas à moi de parler de ces volumineux fichus si bouffans et si imposteurs, pas plus que de ces grosses cravattes suspectes de nos incroyables ; tu sais la fable de ce renard, qui, ayant la queue coupée, voulait persuader à ses camarades de couper la leur, c'est l'histoire du sexe parisien ; quand il est question de mode, il est cent fois plus docile que les renards qui repoussèrent la harangue de leur camarade. En général, la réflexion du Rica des Lettres Persannes, qui trouvait que les françaises, en forçant les proportions de la nature, devaient faire changer les règles des arts, reste ici dans toute sa force ; il n'y manque qu'un supplément.

 Peut-être nos dames prouvent-elles par-là une vérité. M. de Voltaire a fait voir que les règles et le goût en littérature pouvaient changer d'un siècle à l'autre, d'un peuple à l'autre : eh bien ! nos parisiennes font voir que le goût et les règles de la parure changent effectivement d'un moment à l'autre, et même d'un quartier à l'autre. Quoiqu'il en soit, Paris me rappelle chaque jour le siècle de ces fées qui distribuaient la beauté et la jeunesse à volonté ;

E

la seule différence, c'est qu'alors la magie se faisait gratis, et qu'aujourd'hui, pour en profiter, une femme prend sur son nécessaire; elle se passe de chemises, afin d'avoir une robe d'atours. Mais la mode se prête à tout on ne peut mieux ; en accoutumant à aller les bras nuds, elle retranche au moins un cinquième de la chemise par les manches, et en allégeant peu à peu l'ajustement, elle peut prendre sur la quantité, de quoi faire briller la qualité. Tu pourrais m'objecter que dans l'hiver, la quantité prend sa revanche. Erreur, Junie! les saisons, ainsi que les âges, ne sauraient changer pour la mode; et tandis que toute la nature obéit à ses changemens, elle n'obéit à aucun. Le froid, le chaud, la gelée, la pluie, que lui importe! On a reproché à Rousseau, d'avoir voulu, contre la nature des choses, accoutumer le corps des enfans à toutes les températures; c'est un sophisme dont la mode démontre la fausseté ; et si Rousseau avait prescrit son régime aux grandes personnes comme aux enfans, en y intéressant la mode, qui doute qu'il ne l'eût vu réaliser de son vivant, comme il sut réveiller le sentiment de la tendresse maternelle ? Quand je vois passer sous ma fenêtre, au milieu des glaçons, une nymphe jeune ou vieille, en robe légère, chapeau de bergère et les bras nuds, dodus ou décharnés, retroussant sa draperie à la grecque, je ne sais si je dois admirer ou plaindre une créature qui se dévoue ainsi volontairement à ce rigoureux supplice; et tout en admirant en elle le miracle de la vanité qui la brûle au milieu du froid, en voyant ses bras rouges et marbrés, je ne puis m'empêcher de voir qu'il y a une partie de son corps qui n'est pas à la mode, dont la vue me fait frissonner; mais quand elle a passé sa robe sur son bras, et que, par cette attitude grecque, elle me la dérobe, alors il faut rester interdit et admirer les ressources inépuisables de la mode.

Revenant alors à mon patriotisme, je me dis : et pourquoi n'appliquerait-on pas la mode à la politique, si la politique ne peut vaincre la mode; si son inconstance nous fait craindre pour notre repos, sa frivolité nous rassure; et si l'on donnait, au Ministre de l'intérieur, un adjoint occupé à combiner et à varier ses jolis riens, ses brillantes vicissitudes, je ne crois pas que ce Ministre fût le plus inutile, quand il n'aurait pour lui que ces essaims de papillons qui voltigent sans cesse autour du Palais-Royal.

Du reste, si quelqu'un en crédit avait la même idée et s'avisait de la faire réussir, il serait facile d'indiquer le Ministre qu'il faudrait destiner à cet objet. On serait au moins certain de ne plus voir de parure anglaise dans aucun de nos bals ni dans aucune fête ; et assurément cette observation qui, dorénavant, doit décider de la nouvelle mode, doit bien valoir à celui qui a eu l'adresse de l'imaginer, la préférence ; d'ailleurs, je suis attristé de ne plus voir tant de gravures sur les merveilleuses, les incroyables, et sur-tout le bœuf-à-la-mode, et je pense qu'aux yeux des gens de goût et du bon ton, il n'y a qu'un Ministre à la mode qui puisse remplacer le bœuf-à-la-mode.

En effet, rien ne serait plus varié, et n'offrirait plus de contrastes que son Département, et sans parler de la bigarrure infinie des corps religieux détruits, et qui pourraient revenir, du moins pour le costume, puisque la mode fait le cercle. De combien d'ornemens du clergé, de la noblesse, etc. ne pourrions-nous pas charger la draperie du nouveau Ministre ; combien d'habillemens de femmes de cour, de financiers, de banquiers, etc. etc. ne devraient-ils point lui passer et repasser par les mains ! On sent bien qu'un pareil ajustement serait immense, et pourrait peut-être coûter cher, mais pour remonter la mode sur le pied de l'ancien goût, vraiment la tâche est également immense malgré ce qu'on a fait.

Cependant il faut que tu saches, ma belle Junie, qu'il s'assemble tous les jours, chez mademoiselle L. R., un conseil au ci-devant Palais-Royal, pour tâcher en cela de réformer l'empire. Là, nos merveilleuses, en grand concours, attendent la présidente à la porte, comme une déesse qui devrait leur distribuer des robes de noce ou de puberté, tandis que d'un autre côté on voit encore, çà et là, quelque taupinière, où maint incroyable s'essaie à butter ; mais tout cela n'est que pour l'ornement des cafés et des promenades, et rentrerait aussi-tôt dans son trou, comme les habitans de Ratopolis, au moindre signal, s'il n'y avait des dames d'affaires et des messieurs d'affaires qui, ne se cachant jamais par aucun échec, sont chargés de plaider la cause des grâces et de la frivolité auprès du Gouvernement : malheureusement, comme tu vois, elles ne réussissent pas toujours ; et l'histoire de la Baronne est bien fatale pour la secte. Adieu, Junie ; en voilà assez pour t'égayer avec nos amis. Quant à moi, qui regarde tout ceci avec mon patriotisme ordinaire, je compare le luxe, la mode et les manières, à cette guêpe de la fable, qui tourmente le lion, et je crois qu'une armée de papillons qui se grossirait insensiblement, mais tous les jours un peu, devrait finir par obscurcir le soleil.

LETTRE VII.
Théodore à sa famille.

Depuis que les Parisiens ne sont plus récréés par le bruit des victoires d'Italie, l'esprit public, réveillé par la gloire nationale, s'était un moment attiédi, et les conversations étaient devenues languissantes ; à l'arrivée du général Bonaparte l'enthousiasme a éclaté pendant huit jours ; mais la curiosité lui a succédé, car ici on fait spectacle de tout ; et si ce modeste héros n'avait pris autant de soin d'éviter le public, que le public de le rechercher, il occuperait autant ses regards qu'il a occupé ses oreilles.

D'un autre côté, c'est un divertissement comique de voir la vivacité nationale s'irriter de l'obscurité où il se renferme, et s'efforcer de prendre sa revanche dans des estampes, des chansons, des portraits et des représentations de toute espèce. C'est ainsi que le même homme qui a fondé la République sur la victoire, tourne au profit du patriotisme la légèreté du Français, et prouve combien cette légèreté s'allie avec la générosité nationale, puisqu'il entraîne dans la même admiration tous les partis.

Un artiste a fait hommage, pour lui, d'une médaille, que le Corps législatif a accepté. Ce trait ne devait pas être laissé à l'intérêt; il devait être le fruit de la reconnaissance nationale; il est même surprenant que dans cette longue carrière d'exploits, parcourue par nos armées, il n'y ait pas eu pour les illustres généraux, des honneurs plus solemnels que des danses et des repas, où l'on ne peut remarquer l'acclamation de la joie publique. Nous avons imité les Romains dans l'institution de nos fêtes républicaines, et nous ne savons pas les imiter dans leurs récompenses militaires, lorsque nous les surpassons dans les hauts faits ! et nous laisserions dans l'oubli ces couronnes honorables qui ornaient le front du brave guerrier, cette pompe du triomphe qui présentait la gloire du héros aux regards de la multitude ! Je crois que la seule manière d'honorer Bonaparte selon ses services, sans blesser le niveau où doit s'arrêter la reconnaissance nationale, serait de rappeler pour lui l'antique triomphe militaire, et de le lui décerner par décret du Corps législatif.

Mais à présent il s'agit moins de cela que de l'expédition d'Angleterre : c'est sur ce rivage orgueilleux de sa situation inaccessible aux Européens, que les palmes d'une gloire inconnue attendent le conducteur des Français. Savez-vous bien, mes amis, que les dons patriotiques reviennent, et que dans la stagnation du commerce, dans la paralysie du crédit public, dans l'abîme de misère où tout le monde est plongé, le patriotisme trouve des ressources contre l'exécrable ministère anglais ; il n'y a sur ce sujet qu'une seule voix, et si l'opération ne réussit pas, ce ne sera pas faute de concert.

Cependant, la destinée de notre nation ne se borne pas ici à elle-même ; l'intérêt de l'Europe n'a cessé d'être lié au sien dans le cours de cette guerre ; et si, en travaillant pour son salut, elle a vu sortir de ses succès, le salut de ses voisins, peuples européens, faites des vœux pour la campagne maritime qui se prépare ; et vous, Gouvernemens, qui que vous soyez, votre cause n'est point ici différente de celle des peuples ; il s'agit d'anéantir le Dragon qui tient sous sa garde la toison d'or ; il s'agit d'enchaîner le tyran qui ferme la communication des mers, à la paisible industrie des hommes, qui a con-
verti

verti les instrumens du commerce et de la fraternité, en des instrumens de domination et de brigandage; qui s'est joué des conventions, des traités de la justice naturelle, a détruit de ses mains le temple de la foi publique, afin de s'asseoir sur ses débris, et insulter impunément au genre humain. Venez avec nous, unissez vos efforts pour foudroyer un Gouvernement digne de la vengeance des peuples.

Je ne puis vous dire, mes amis, la fermentation que cette entreprise laisse dans tous les esprits; on ne parle plus des fêtes de la paix, nos militaires oublient leurs travaux, et Bonaparte pense, comme César, n'avoir rien fait, puisqu'il lui reste encore à faire. Chacun devient pensif et raisonneur; mais le caractère subsistant néanmoins parmi les sujets les plus graves, nous chantons des vaudevilles, l'on représente des drames, et l'on affiche des projets aussi singuliers dans leur nouveauté, que bizarres dans leur façon. Un auteur ne s'est-il pas offert d'enlever cent mille hommes en ballons, et de les passer en Angleterre par cette voiture; et comme s'il eût voulu donner ensuite un remède à la chûte de ses ballons, n'a-t-il pas donné un moyen d'aller gagner, entre deux eaux, la Tamise. Ou c'est un plaisant auteur, ou un auteur bien plaisant que celui là, puisqu'il amuse ainsi ses compatriotes avec des ballons ; mais fût-il le génie ressuscité de l'enchanteur Merlin, du grand Agrippa, ou du grand Cagliostro, félicitons-le de ne pas vivre en pays d'obédiance ; car s'il n'était brûlé comme sorcier, il serait, à coup sûr, fustigé comme un bouffon, pour ses pasquinades, ou comme un ridicule censeur, qui prend ses parodies dans le conte du Tonneau. En vérité, si l'on n'était convenu de laisser passer toutes ces carricatures, comme on laisse pousser des champignons sur une terre qui porte des palmes et des lauriers, ne faudrait-il pas envoyer tous ces auteurs, plaisans ou sérieux, aux Petites-Maisons.

Il y a des discoureurs d'un autre genre, qui discutent, qui s'éclairent et qui ont des connaissances réelles, dont le Gouvernement peut profiter ; ceux-là marchent au but, et laissent les bouffons amuser la multitude. Cependant, lorsque tout se prépare pour les moyens d'exécution, le Gouvernement pourrait-il fermer les yeux sur les appréhensions de perfidie ? Il n'a pas oublié qu'en combattant l'Anglais, il a autant à combattre la corruption, que l'habileté de son ennemi ; que s'il ne passe à l'étamine la plus rigoureuse, ses agens, ses ministres, et les commis de ses Administrations, tout peut devenir piége, et que la surveillance la plus étendue ne saurait paralyser cet arsenal de ruses obscures qui se cachent dans les replis de l'intention: c'est maintenant qu'il faut frapper sur le bois sec. Adieu, mes amis; aimez-moi comme je vous aime, et embrassez pour moi Junie.

LETTRE VIII.
Martin à Théodore.

Je t'ai amusé de quelques-unes des plaisanteries que Junie nous fait tous les jours, sur quelques circonstances du tableau politique; tu as vu comme elle s'égayait sur l'importance des manières du costume, et de certain ton de frivolité, nécessaire pour parvenir; tout cela, mon cher Théodore, tient à un sujet plus sérieux, qui est celui des mœurs.

Si les opinions dominantes, qui les forment en partie, étaient conformes à l'esprit de la république, il faudrait les maintenir par l'éducation; mais puisqu'elles ne le sont pas, peut-on se flatter que la constitution passe à nos enfans, si on ne se hâte de les changer. A quoi songeait Numa, dit Plutarque, d'établir la meilleure police parmi le peuple, et de n'avoir pas assuré la durée de son ouvrage par l'éducation ? Ce reproche s'adresse à nos représentans, depuis l'assemblée constituante jusqu'à celle-ci. Crois-tu que la surveillance de la police et les nouveaux réglemens, aient entièrement étouffé les germes d'aristocratie, renfermés dans l'enceinte des maisons d'éducation, avant fructidor ? Ne vois-tu pas encore la cupidité s'emparer de toutes parts de l'instruction, et prendre l'enseigne de l'esprit dominant ; tous les exercices de la jeunesse, partagés entre la coquetterie et l'affectation des modes les plus contraires à la simplicité républicaine et les pratiques superstitieuses de la religion ? Le débordement des journaux, et des brochures licencieuses a cessé ; on n'annonce plus dans des prospectus pleins de sarcasmes, des leçons de morale extraite des écrits théologico-monarchiques ; mais les conversations et les discours qu'on tient à la jeunesse, n'ont nullement changé, et comme à Paris, l'on rafine sur tout ; s'il y a encore ici des chapelles dans les maisons d'éducation, je ne doute pas qu'il n'y en ait telle à Paris, où tu pourrais entendre la grand'messe.

Juge, quand tout cela est nourri par les fêtes et les divertissemens affectés encore aux jours de l'ancien calendrier, l'effet qu'il doit produire dans de jeunes têtes, lorsque, sur-tout les décadis, ont l'air, pour obéir à la loi, d'y être des jours de pénitence. Mais pour remonter à la source du mal, est-ce aux instituteurs qu'il faut l'imputer ? n'est-ce pas au luxe et à la richesse qui les maîtrisent? Ce sont les villes qui donnent l'exemple, c'est Paris, qui, après vous avoir dominé dans la révolution, nous domine encore, par ses élégans, en sens contraire. Pourquoi le luxe continue-t-il d'affecter plus particulièrement le dimanche ? pourquoi parle-t-on, dans ce moment, de bals masqués*, comme dans le tems et les pays de la plus luxurieuse corruption ? n'y a-t-il pas d'autres moyens de s'amuser, que de se couvrir d'un masque, sous lequel se cache si souvent la débauche et la malveillance ? Pourquoi le premier janvier continue-t-il d'être fête comme le jour de l'an ; et pourquoi un député choisit-il cette occasion pour adresser ses vœux au public, dans le Journal de Paris ? y aurait-il eu beaucoup de mal à mettre, ce jour-là, les bomboniers et jouailliers à l'amende, en ajournant les étrennes de la cupidité, de l'amitié, de la galanterie et de l'amour ; et si le

---

*Au moment où l'on imprimait ces Lettres, le Bureau central a pris un arrêté contre les bals masqués ; c'est un retranchement enlevé aux corrupteurs de la morale publique.

député avait pris jusqu'au 1er. vendémiaire pour corriger ses vers, n'aurait-il pas mieux mérité de sa muse et de la république?

Toutes ces choses sont frivoles, je le sais; mais malheureusement, c'est par les frivolités, les délassemens et les plaisirs, que nous tenons aux choses sérieuses. Si le nouveau calendrier ne compte que pour le travail, et si l'ancien compte pour les fêtes, quel est celui de nous qui ne finit par donner la préférence à celui-ci, et ne doit-on pas en dire autant de toutes les coutumes auxquelles s'attachent le luxe et les plaisirs.

Ce contre-poids qui s'accroît par le tems, loin de s'affaiblir, ébranle à la fin la confiance du peuple. Vous le voyez, d'un côté, dominé par le crédit de la richesse, qui dispense l'argent et le travail, et de l'autre, par l'autorité du Gouvernement, rester au milieu, sans prendre parti ni pour le Gouvernement ni pour les riches, et s'assouplir sous toutes les formes, pour se rendre agréable à tous. Ce n'est pas que sa volonté pour cela reste douteuse et ne soit bien prononcée pour la liberté et l'égalité; mais attaqué dans ses besoins, par la richesse; dans sa pensée, par des sophismes; dans ses sentimens, par des images de fêtes et de plaisir, ne faudrait-il pas qu'il fût un St.-Antoine, pour résister à la tentation de tant de lutins, et ne pas se mettre enfin de leur parti ?

Comment rester long-tems indécis, lorsque les sacrifices sont, d'un côté, avec l'espérance et les jouissances, de l'autre, avec la réalité ? Toi-même, Théodore, y tiendrais-tu ? et ton patriotisme ne déclinerait-il pas infailliblement s'il était condamné à rester seul vis-à-vis de l'injustice, qui profite de tout, et qui étale insolemment ses rapines ? Je m'étendrai encore une fois sur le même sujet, si tu as la patience de me lire. Adieu, mon ami ; du courage, et n'oublie point que tu cours la lice sous les yeux de Junie.

LETTRE IX.

Martin à Théodore.

Si je dis que les mœurs où un peuple se laisse entraîner, sont l'effet des opinions qu'il adopte sur son bien-être, je dirai une chose triviale dont tout le monde convient ; mais tout le monde ne convient point sur l'énumération des causes qui concourent à former ses opinions. Il n'y a pas long-tems, et peut-être encore aujourd'hui, compte-t-on autant de préjugés sur cet objet, que de professions. Le Jurisconsulte ne voit dans les mœurs que le pouvoir des lois ; le Financier celui de l'argent ; le Négociant celui du luxe ; le Guerrier le pouvoir de l'honneur et de la bravoure ; l'Homme d'église celui de la religion ; le Cultivateur le goût ou l'éloignement des occupations rustiques ; le père de famille le pouvoir de l'éducation. Le peuple, moins préoccupé de chacune de ces causes en particulier, mais qui sent l'effet de toutes, juge, dans sa raison expérimentale, que toutes gouvernent ses opinions ; et le Politique, qui n'est, ainsi que le peuple, d'aucune profession, pense sur cet objet comme le peuple : l'un trouve les effets par l'examen des causes ; l'autre devine les causes par le sentiment des effets.

Il y a donc, outre l'influence des lois, deux principes qui exercent une action puissante sur les mœurs, la force de l'éducation et l'esprit de profession.

L'éducation est l'art de développer les facultés naturelles, selon le but pour lequel il est né.

L'on s'accorde généralement sur cette définition, mais ainsi que dans la question des mœurs, chacun place le but dans une hypothèse différente. Les écoles chrétiennes enseignent qu'il consiste à se pénétrer des préceptes de la religion

gion et à se rendre dignes de ses promesses ; les philosophes moralistes, à régler et à conformer son individu selon la nature physique et morale de l'homme dans son état primitif ; un troisième sentiment est celui de ceux qui subordonnent à la patrie toutes les affections et les qualités de ses membres ; enfin, pour définir l'éducation dans les principes et la conduite du vulgaire, son objet est le bonheur individuel de l'homme, fondé sur tel système particulier que l'instituteur s'est fait : celle-ci est l'éducation de famille ; les autres sont la chrétienne, l'éducation de l'homme, et la patriotique.

Quelle est la plus raisonnable de toutes ? chacun va répondre selon son inclination, et sur-tout selon la profession particulière de son état. Le Théologien dira, c'est la chrétienne ; le Philosophe méditatif, c'est l'éducation de l'homme ; un Bourgeois, un homme établi, c'est celle de famille ; le Citoyen dira, c'est l'éducation patriotique.

Ainsi, lorsque l'éducation est dirigée dans le sens des maximes de la constitution, la force est salutaire, et ses préjugés même sont utiles.

Lorsque les professions ne font plus corporation, quelles n'ont plus d'existence par elles-mêmes, mais une existence relative à la

G

constitution, l'esprit de profession ne peut être que l'esprit de patriotisme, et les mœurs sont au moins en cela conformes aux lois. Au point où nous a conduit la révolution, on peut dire que l'esprit de profession s'accorde avec l'esprit de la constitution, dans les choses, et à-peu-près dans les personnes; car chacun ayant été forcé, pour exister, d'embrasser un régime de travail différent de celui qu'il suivait, s'est en général habitué à ne pas séparer son intérêt des occupations elles-mêmes, à lier son sort à celui de l'emploi, et à perdre de vue, insensiblement, sa profession antérieure.

Je dis en général, et ceci ne regarde que ceux qui trouvent dans le nouvel ordre, une compensation suffisante de leur intérêt et de leur amour-propre, par conséquent il ne peut y être question des individus du haut-clergé et de la haute-noblesse, pour qui le système des compensations ne peut pas plus avoir lieu après la révolution, qu'à l'égard du ministère anglais après la guerre, et sur lesquels la tâche du Gouvernement n'est point achevée. Ne serait-ce point une folie de croire pouvoir indemniser l'orgueil de ceux qui s'asseyaient à côté du trône; la gloire même du Directoriat pourrait-elle fixer un esprit lancé dans les visions d'un grandeur aussi concentrée que chimérique? empêcherait-elle que les hommes, naturellement enclins aux plaisirs, ne donnassent, dans leur cœur, la préférence au passé, sur le présent ; que les épreuves du malheur, en les rendant plus souples en apparence, ne donnassent intérieurement plus d'énergie à leur dépit amer, à leur haine du peuple et à leur ressentiment contre les nouvelles lois ?

Si des mécontentemens particuliers avaient tourné quelques grands contre la cour, était-ce pour descendre dans le parti du peuple, et n'est-ce pas un nouveau grief à leurs yeux, de leur avoir enlevé cette occasion de se rendre redoutables, comme Benjamin Constant l'a observé au sujet des écrivains polémiques? d'un autre côté, si l'amour-propre philosophique nous a fourni quelques illustres conversions, à commencer par celle de Philippe Égalité, combien l'amour-propre philosophique ne s'est-il pas ensuite émancipé, à commencer par celui du bienheureux Laharpe ; combien la considération et la vanité attachées à des idées nouvelles et hardies, n'ont-elles point disparu, lorsque ces idées sont devenues communes à tout le monde ?

En te parlant de l'influence de l'esprit de profession, mon cher Théodore, je viens de la restreindre à cette seule classe que je crois dangereuse dans notre situation présente. Mais, pour revenir à la question générale, il ne suffit point d'y faire entrer les principes factices qui modifient nos sentimens naturels dans la société; l'inégalité naturelle des hommes fait naître encore en eux, des opinions qui portent, dans les mœurs, une efficacité d'un autre genre. En effet, si nous mesurions chacun nos desirs sur nos facultés, combien de gradations ne devrait-il pas s'ensuivre dans les actions des hommes ? et puisque la proportion des desirs aux facultés, n'existe presque nulle part, juge quelles différences incalculables doivent se répandre, par cette seule porte, sur le régime des mœurs. Considère la diversité des caractères, leur analogie ou leur répugnance avec la conduite que nous adoptons, soit par amour-propre, soit par intérêt ou par d'autres motifs, tu trouveras dans l'esprit, le caractère, le tempérament, des causes déterminantes, qui mettent les hommes en mouvement, indépendemment de leurs habitudes de société; mais nonobstant cette prodigieuse diversité dans laquelle la nature semble s'être jouée par-tout, tu reconnaîtras son intention envers l'état social, dans cette base commune de penchans réciproques, qu'elle a mis dans tous les humains.

Les impressions primitives, différentes dans

chaque individu, ne vont donc jamais d'elles-mêmes à détruire les qualités sociales, quoiqu'elles les affaiblissent. Mais comme elles se rapportent au principe de la bienveillance autant qu'à l'intérêt, c'est à l'habile instituteur à leur donner une forme convenable à ses fins, et à trouver des citoyens dans des hommes. Tout ceci, mon cher Théodore, tient à l'esprit public, sur lequel on a tant travaillé, et l'on entasserait volume sur volume, que la matière ne serait point épuisée. Adieu; Junie et nos amis t'embrassent.

LETTRE X.

Théodore à Martin.

Il y a, dans le Français, Martin, un fond de bonté naturelle, et de générosité magnanime, qui, aux yeux d'un législateur républicain, vaut bien la farouche austérité du spartiate, et le zèle inflexible d'un romain. Plein de libéralité dans ses sentimens, si l'amour du plaisir et de l'indépendance, le rend moins méthodique et moins exact dans ses devoirs, aucun peuple n'est plus vivement affectionné au beau moral, et ne loue, dans autrui, avec plus de sincérité, et d'une manière moins exclusive. Cette franchise prouve du moins combien le Français est peu propre à servitude, puisque l'habitude a si peu de prise sur lui, et que, pour le subjuguer, il a toujours fallu le gagner, ou par l'image de la grandeur, ou par celle de la gaîté et du plaisir, jamais, si ce n'est passagèrement, par l'appareil des menaces et de la crainte. Si son caractère national est tout dans la gaîté, la politesse et la bienveillance, son caractère patriotique est sur-tout dans sa confiance pour ses chefs. Ainsi, jadis il était dans l'amour de ses rois, maintenant il sera dans l'amour du Corps Législatif et du Directoire. Si la Cour ne s'était pas fait un système de politique, de tromper le peuple, si elle ne l'avait trompé qu'accidentellement, il eût été impossible de détruire la monarchie, et les regrets qu'il donna à l'hypocrite Louis, prouvaient qu'il ne le sacrifiait que parce qu'il n'avait pu, avec toute sa clémence, le ramener.

Il a changé son Gouvernement, pour avoir des dépositaires plus dignes de sa confiance, et si son vœu n'est jamais trompé, c'est par-là que notre république sera impérissable, lors même que nos mœurs resteraient telles qu'elles sont. Qu'est-ce qui a donné au peuple tant de force contre ses malheurs, contre les factions, si ce n'est la confiance dans ses chefs ; et ne fallait-il pas y compter infiniment pour oser la grande journée de fructidor? C'est cette pente naturelle à supposer le bien dans nos chefs, et à nous reposer sur leurs intentions, qui rendrait parmi nous toute magistrature suprême dangereuse, si elle n'avait pas le frein des lois. En effet, tandis que l'Anglais se montre si fier et si jaloux des formes d'administrations qu'il croit imposer à son Gouvernement, regardez le caractère libéral du Français; ne semble-t-il pas dire au sien : sois juste et bon ; pourvu que tu le sois, tu ne seras point recherché sur les formes ; mais souviens-toi qu'avant toutes les formes, je t'ai confié mon salut. On ne saurait douter, Martin, que le même coup d'autorité, si salutaire par notre confiance, n'eût soulevé le peuple anglais, et n'eût fourni des armes à la minorité factieuse, pour étouffer la liberté. (*). Cependant, sans faire de supposition, compare la conduite du Ministère anglais envers le peuple de Londres, et celle du Directoire envers le peuple de Paris, et dis-moi de quel côté est l'hypocrisie, la

---

(*) On peut voir, dans les changemens opérés par Cromwel, à quel point la crainte de déplaire au peuple, lui ferait porter le scrupule des formes. (Note de l'Éditeur).

fourberie ou la franchise, tant il est vrai, mon ami, que rien n'est plus propre, en gouvernement comme en affaires, à inspirer de la loyauté aux commis, que la loyauté des commettans, et n'y a-t-il pas quelque chose de plus monstrueux que la tyrannie de tromper sciemment la confiance ?

Heureusement nos Directeurs, pris dans la classe ou voisine ou peu distante de la classe du peuple, se sont naturellement trouvés disposés, par leurs sentimens, à la popularité du nouveau régime. La Cour, au contraire, formant une nation dans la nation, par la différence des mœurs, des maximes, des prétentions, et l'on peut dire du langage, ne pouvait guère se sentir engagée que par la justice; et comme la justice est toujours faible sans l'amour, il fallait nécessairement qu'elle finît par nous regarder comme des ilotes, et nous devions l'anéantir par la même cause qui anéantit l'aristocratie à Lacédémone. Qu'il est doux, mon cher Martin, d'avoir vu tomber les barrières qui séparaient le peuple de ses Magistrats! qu'il est doux de trouver en eux cette raison de propinquité qui sert de gage à leur fidélité et à leur bienveillance! Mais c'est par la simplicité des mœurs qu'ils peuvent se souvenir sans cesse de leur origine; c'est par les

lois

lois constitutionnelles qu'ils peuvent y être rappelés, si jamais ils pouvaient l'oublier. Et c'est parce que les passions tendent sans cesse à s'élever au-dessus de l'égalité, qu'il faut que la loi les y ramène. Les mœurs sont donc, comme tu vois, cher Martin, plus nécessaires au Gouvernement, pour n'être tenté par aucune passion, d'abuser de la confiance du peuple, qu'au peuple lui-même, en qui l'amour et la confiance subsistent naturellement.

Qu'on est heureux, cependant, lorsque la constitution des choses est telle que, déjà liés par une affection réciproque, les gouvernans et les gouvernés ne voient leur désunion et leur dépravation réelle, que dans l'avenir ! Ce n'est pas que je ne sente, comme toi, le besoin d'une institution morale ; mais faudra-t-il irrésistiblement s'y appliquer dès à-présent, et ne pourrons-nous vaincre les Anglais sans cela ? Eh ! mon ami, lorsque nous sommes uniquement occupés de notre entreprise, quel tems prends-tu pour nous parler de réglemens, qui, pour être exécutés, demandent tout le calme de la paix, et qui le seront nécessairement mieux, lorsque le caractère se sera développé avec une nouvelle énergie ? Pour fonder une bonne éducation, il ne fallait pas seulement attendre le terme de la révolution, il faut attendre celui de la guerre.

Maintenant, permets un libre essor au génie national. As-tu oublié que ce peuple est le même qui, dans le silence des lois, a su respecter les propriétés et les personnes ? que ceux qui le gouvernent sont les mêmes, qui, ayant tendu aux Tuileries un simple ruban, pour lui faire respecter une défense, en furent ponctuellement obéis, et que les armées qui vont franchir les mers, sont les mêmes qui se sont fait admirer de l'ennemi, par leur sagesse et le respect des supérieurs ? Un peu de courage, ô bon Martin! je crains que l'éloignement où tu es des affaires, et l'habitude de raisonner, ne te rende trop froid dans les conseils. Crois-tu tes compatriotes moins braves que toi ? et avec tes institutions et tes formes, ne dirait-on pas que tu nous prends pour des anglais ? Va, compte sur la générosité française. Quand nous sommes injustes ou méchans, c'est malgré nous; nous faisons le mal par séduction, et nous laissons aux infâmes Anglais, la lâcheté de le faire par spéculation ou par malice. Adieu; embrasse pour moi la sainte famille et Junie : ô ma Junie ! la bouche de Martin est bien digne de te porter mes vœux.

LETTRE XI.

Théodore à Junie.

J'IGNORE, ma Junie, à quel point mon cœur s'arrêtera, mais il est loin d'être épuisé; tu sais que l'amour occupe toutes mes pensées: l'amour! quel doux lien! je ne respire que pour toi, et je m'oublie moi-même. Je n'ai rien fait pour ma fortune ni pour ma gloire, et dans cette immense cité, je me cherche en vain moi-même, je ne trouve que toi. Quand permettras-tu un peu de liberté à ma pensée tyrannique, Junie? ne pourrai-je surmonter ni mon amour ni ma timidité, pour prendre un sentier dans le dédale de l'intrigue? Que le poids du patriotisme et des talens est quelquefois insupportable, à qui n'a que des talens et du patriotisme. Pardonne, ma Junie, mais si j'étais né avec plus de suffisance et de dissimulation, n'en serais-je pas plus propre à réussir? Je ne sentirais pas les jouissances de la vertu, il est vrai, mais que sont ces jouissances au milieu des privations? que me sert-il d'être vertueux? La vertu toute seule, côté de l'indigence, fera-t-elle mon bonheur et celui de Junie? Oui, c'est du malheur de notre amour que je vous accuse, hommes froids et tranquilles, qui n'allez point chercher le mérite dans son asyle, qui attendez à loisir qu'il tombe à vos pieds et qu'il y déchire le voile de la modestie, jusques à quand chargerez-vous l'intérêt personnel de chacun, de faire connaître le mérite, et quand l'intérêt patriotique vous portera-t-il à lui épargner la honte de se mettre lui-même en représentation ? Vous voudriez des hommes vertueux, et vous commencez par leur ôter la modestie ; eh bien ! c'est comme si vous vouliez des femmes sages, en commençant par leur enlever la pudeur. Ah ! pardonne à mon cœur ce mouvement d'orgueil, Junie ; il y a tant d'hommes sages et pleins de talent, dans l'oubli ! c'est à eux, plus qu'à moi, que ce trait appartient.

Cependant, tu ne saurais croire combien un tel renversement d'idées, attiédit à la fin mes sentimens généreux, et me concentre. J'ai commencé par desirer de l'emploi, pour me rendre plus digne de toi. Je suis presque réduit à ne rien desirer que pour moi-même.

Tu m'invites à rompre tout pacte avec les hommes et les affaires ; eh ! ma Junie, crois-tu que Théodore hésiterait un seul instant ! mais voudrais-tu voir l'image de la pauvreté, entourer notre couche nuptiale ? voudrais-tu voir le spectre de la nudité, presser le berceau de tes enfans ?..... Voudrais-tu voir, sans honneur, ensevelir ses facultés dans la paresse, dans le mépris de ses concitoyens ? Ah ! Junie, en arrangeant le système de notre existence, songe que ce n'est pas nous seulement que nous envisageons; il faut songer à ces tendres compagnons que la nature, infailliblement, nous donnera, comme nous les méritons. Mais je te donne trop de droits sur moi-même, Junie; tu sais que la Révolution fut mon idole, et tant que des enfans de la Révolution nous gouverneront, Théodore ne mêlera point sa voix à celle de ses infâmes blasphémateurs.

LETTRE XI.

Martin à Théodore.

Il vient de se former dans notre Commune, une association de Téophilantrope, à l'imitation de ceux de Paris; Junie en est enchantée; elle s'y est rendue déjà trois fois avec sa harpe, et tantôt mêlant sa voix à celle des filles de l'endroit, tantôt chantant seule en s'accompagnant, elle a reçu, non des complimens, mais les remercîmens de toute l'assemblée.

Pourquoi les femmes sont-elles privées, dit-elle, dans la plupart des Lithurgies, de concourir à la célébration du culte ? n'ont-elles pas, ainsi que les hommes, un cœur fait pour admirer la majesté de Dieu, comme pour aimer sa bonté ? Ne sont-elles pas plus propres dans la morale, à entretenir la bienveillance, à encourager le devoir par les douceurs qu'elles font goûter dans le ménage, à supporter les peines et les sacrifices par la joie et les consolations dont elles bercent les hommes parmi leurs maux ? Quel est celui qui n'oublie point ses chagrins, son ressentiment, sa vengeance, quand il voit sa maitresse ; quel est l'enfant qui n'est point désarmé par les caresses de sa mère ; quel est le mari qui n'oublie pas son ambition, sa haine, ses projets avec sa femme ; qui ne renonce tous les jours à ses inquiétudes d'esprit, pour se renfermer dans ce cercle d'occupations fixes et régulières, qui renouvellent la monotonie du ménage, et qui peuvent se rappeler à l'ame sans en troubler le repos ? C'est parce que les femmes sont hors des rivalités de la société, qu'elles doivent être employées à en concilier les membres; c'est parce qu'elles sont plus près de la nature, qu'elles sont plus près de Dieu.

Tu trouveras toujours Junie sur la route du sentiment, toujours aussi sublime dans ses réflexions qu'héroïque dans sa tendresse ; tu vois déjà son opinion sur l'opinion des Téophilantrope, il n'est pas nécessaire que j'y ajoute tous les jolis détails dont elle l'a embellie ; mais je te dois, à mon tour, une esquisse de mes sentimens, à condition que tu n'oublieras point que c'est un solitaire qui t'écrit sur un sujet nouveau pour lui, quoique vieux pour tout le monde, et que tu laisseras l'ignorance, la cupidité, l'esprit de parti et le fanatisme s'agiter autour de nos Téophilantropes, et leur prodiguer les épithètes injurieuses de secte, de faction, etc.

Que nous importe ? Mais si c'était une nouvelle secte, où serait le mal ? Il faut, disait Franklin, donner carrière à tous les sectaires et novateurs, en fait de religion, comme des marchandises ; c'est la concurrence qui fait le bon marché. Cette politique de Franklin, si conforme à l'esprit d'égalité et de bienveillance qu'une sage législation verse sur tous les hommes, était aussi, dans un autre sens, celle des Romains, lorsqu'ils ouvraient leur Panthéon aux Dieux de tous les coins du monde. Dans l'ignorance où nous sommes du meilleur culte qui convient à Dieu, n'est-ce pas effectivement une folie que d'admettre certaines religions et de rejeter les autres ? Mais dans la persuasion où nous sommes, que tout autre hommage que celui de la volonté est inutile à l'être intelligent, qui pourrait ne pas approuver une institution qui n'aurait d'autre motif et d'autre but que de cultiver la morale ?

Je ne condamne point les rites que chacun ajoute au fond du sujet ; ce sont des broderies qui lui donnent plus de valeur à nos faibles lumières ; ce sont des moyens auxiliaires dont la raison humaine a besoin pour mieux se recueillir et soutenir son attention ; et comme chaque homme, chaque peuple affecte des pratiques différentes de se rendre attentif, ne soyons point étonnés de la diversité prodigieuse des rites.

Cependant, remercions les Téophilantropes d'avoir exécuté ce qui n'était que dans les écrits du philosophe, ou dans la conduite d'un petit nombre d'hommes sensés. Si les ames sensibles et timorées retrouvent l'idole de leurs vœux après l'avilissement des religions, s'il reste encore un asyle aux bonnes mœurs, après le règne de la licence, c'est à cette société que la République le devra ; elle lui devra l'union des familles, la concorde des ménages, la bienveillance des citoyens, l'amour de la patrie, et peut-être un jour la réunion des sectes divisées par l'esprit de leurs dogmes intolérans. Quelle est cette secte à qui nous devrions la concorde
de

de toutes les autres ? c'est celle des amis de Dieu. Quelle est celle à qui nous devrions la douceur des bons offices et le zèle de nos devoirs ? c'est la secte des amis des hommes.

Il y a eu, en divers tems, des sociétés philantropiques, mais toutes assujetties à des règles exclusives, qui n'embrassaient qu'un nombre d'hommes limité. Celle-ci les embrasse tous, et dans la qualité d'amis de Dieu, ne fait point distinction des ministres et des fidèles. Elle ne prêche pas seulement la morale privée, elle enseigne la morale publique, en honorant les grands hommes, et proposant leurs exemples à notre émulation ; comme tous les cultes religieux, elle fortifie la loi naturelle de l'homme ; mais à la honte de tous, elle seule a songé à cultiver l'amour des lois et de l'héroïsme, dans l'ame des citoyens. Y en a-t-il une seule qui ait, comme elle, rendu des honneurs à l'ombre du général Hoche ? Pour honorer les illustres satellites des rois, ce n'était pas assez de l'éloquence des Fléchier, des Bossuet ; aujourdhui, nos prédicateurs chrétiens n'ont plus de voix pour louer le héros citoyen qui a porté la paix là où les prêtres avaient porté la guerre.

C'est au Gouvernement à traiter chacun selon ses mérites : protection et tolérance aux ministres paisibles et soumis de toute la loi ; encouragement aux Téophilantropes, ministres de la morale publique. Tandis que le législateur parle à notre raison, par des lois impartiales, le Gouvernement doit parler à notre volonté, par des impressions de crainte et de respect, et le moraliste, par des impressions d'intérêt et d'amour. On a souvent agité la question de savoir si les religions étaient nécessaires à la politique, et ceux qui ont pris la négative, voudraient en général que la base fût assise sur un système de devoirs, si bien liés à l'intérêt personnel de chacun, que le membre de la société n'eût besoin que de se considérer lui-même, pour en vouloir le bien. Je ne puis être de ce dernier sentiment, quoique je ne sois pas pour cela du premier. Faisons un instant digression à notre sujet, mon cher Théodore, et laisse-moi faire quelques questions à ces moralistes intéressés.

La société peut-elle être jamais un tout parfait, résultant de l'assemblage de tous les intérêts particuliers ? Chaque citoyen pourrait-il avoir assez d'intelligence et d'instruction pour appercevoir dans ce cas, le point où son intérêt individuel viendrait se confondre avec l'intérêt public ? Si la plus grande hauteur, à laquelle la sagesse humaine puisse atteindre, est de procurer le bien du plus grand nombre, faudrait-il laisser le petit nombre sans morale, parce qu'il serait sans intérêt ? Si le cours ordinaire et moyen de la politique est de ne dispenser les bénéfices de l'association, qu'à ceux qui viennent se mettre en évidence d'une manière quelconque, et de laisser la multitude à sa place, parce qu'elle s'y tient, faut-il pour cela croire cette multitude sans vertu, et incapable d'instruction, parce qu'elle ne profite point de la faveur des lois ? et où en serions-nous, s'il fallait rappeler à la justice, par l'intérêt, celui qui voit contraster son indigence et ses haillons, avec le faste de la richesse ? S'il a mérité son sort, en sera-t-il moins malheureux, et par conséquent plus disposé à souffrir ? S'il ne l'a point mérité, de quel droit voulez-vous lui parler de justice ? de quel droit parler de justice à celui qui se voit dépouiller de son emploi, pour en revêtir un faquin ?

Si, par le mot d'intérêt, on entend celui de la crainte des lois, on se trompe ; cet intérêt ne s'enseigne pas, et c'est aux lois à faire leur rôle. L'obéissance serait-elle bien fidelle, si elle n'était que passive, et voudrait-on que l'harmonie de la société, se trouvât dans le silence des tombeaux ?

Dans cette théorie de l'intérêt, il faudrait donc convaincre d'erreur tous les sentimens relatifs, qui nous paraissent invinciblement sortir du fond de la nature ; la pitié, qui nous procure un plaisir si pur, au témoignage de la conscience ; la justice, dont le sentiment nous trouble dans nos usurpations, lorsque l'intérêt a tous les motifs de se rassurer ? Ainsi, l'indigent qui aurait ouvert la main pour assister l'indigent comme lui, devrait donc la fermer par réflexion ; et je ne sais, s'il fallait discuter par l'intérêt toutes les positions où la machine humaine peut être placée, s'il serait seulement possible de la faire sortir une fois de sa place. Il est du moins certain que cette nouvelle statue n'ayant qu'un sens, les mots droit et devoir, seraient, pour elle, synonimes, et que la rentrée de ce qu'on prête étant incertaine, tant en effets publics qu'en effets particuliers, on prêterait le moins possible, et pour raisonner dans ses principes, on ferait le calcul de l'avare : qu'il vaut mieux attendre tout de soi, qu'avoir rien à demander aux autres.

Il serait trop long d'approfondir ce qu'il y a de faux et de pernicieux dans les leçons de cette philosophie inanimée, on le sent mieux qu'on ne peut l'appliquer ; il faudrait étouffer ce sentiment vif et obscur de la bienveillance, dont le cœur se vante, lorsque l'esprit y cherche de l'intérêt ; il ne suffirait pas de réduire tous les actes humains à un seul principe, il faudrait en faire une démonstration frappante pour tous les esprits, et réunir en un seul point, deux choses qui ne sauraient être perçues par le même organe : les vérités de raison et les vérités de sentiment.

Il faudrait que l'intérêt se montrât avec une égale évidence dans toute l'échelle de nos affections. Nous recherchons les personnes pour les services que nous surprenons à leur volonté, c'est de l'intérêt ; nous les aimons pour ceux qu'ils ont la volonté de nous rendre, c'est de l'intérêt ; nous les aimons pour l'estime ou l'approbation que nous demandons à leur jugement ou à leur imagination, c'est de l'intérêt ; nous les aimons pour leurs belles qualités, sans aucun rapport à nous, c'est de l'intérêt ; enfin, nous les aimons pour la peine que nous trouvons dans leurs besoins ou leur faiblesse, et pour le plaisir que nous goûtons à les soulager, c'est encore de l'intérêt : est-ce le même? Le plaisir qui nous vient par la sensation ressemble-t-il au plaisir intérieur qui nous vient par la connaissance, et la joie de l'approbation que nous recevons d'autrui, coule-t-elle de la même source que l'approbation que nous lui donnons ? Le plaisir de soulager est-il le plaisir d'être soulagé soi-même, ou est-il tout entier dans l'idée qu'on y applaudira ? On le dit, on l'écrit, mais nul ne le pense.

Je suis enchanté, mon cher Théodore, du livre de l'Esprit; je veux en faire mon modèle pour l'ordre et l'analogie des idées, mais non pour ses définitions, qui ne sont consenties de personne. Je n'ignore point que les définitions y sont données comme des conséquences forcées des faits qu'on y expose, comme en physique on remonte à la cause par l'observation ou l'expérience des effets; mais en morale, comme en physique, si les phénomènes ont deux faces, et si l'auteur a constamment le soin d'en cacher une pour ne montrer que celle dont il a besoin, ne ressemble-t-il pas plus à joueur de gobelets qui veut surprendre le jugement, qu'à un philosophe sincère qui cherche la vérité ? Pour moi, à chaque trait d'explication que je rencontre dans ces bizarres systêmes, je ne me lasse point de répéter avec notre judicieux Horace:

Quodcunque ostendis mihi sic incredulus odi.

Je ne puis mieux te rendre, en effet, Théodore, l'impression que ce livre m'a fait : à la première lecture, l'arrangement et la méthode didactique m'avaient fait confondre la justesse du raisonnement avec la vérité des principes, et je ne doute point que ce ne soit l'erreur que l'esprit fait dans bien des cas, sans y songer. Quand je l'ai lu pour la seconde fois, la perplexité que mon cœur éprouvait dans ses explications étant devenue plus sérieuse, je m'y suis arrêté. D'où vient, me suis-je dit, cette impulsion qui préoccupe d'abord mon jugement ? Si elle était formée par l'habitude, à la suite de la réflexion sur l'instinct primitif de l'amour-propre, elle ne se déclarerait jamais qu'à la vue d'un objet utile, et j'en verrais l'utilité : au contraire, je ne vois rien d'utile, et je me sens entraîné ; on me dit : c'est un préjugé ; et qu'est-ce qu'un préjugé qui est dans les mœurs de tout le genre humain ?

Quand on veut m'expliquer les actes de ma volonté, je consulte ma conscience, et non pas mon entendement ; Helvétius peut m'éblouir et m'embarrasser, mais c'est Rousseau qui me persuade ; c'est avec ses pinceaux qu'il convient de montrer la laideur du vice et le charme de la vertu : jamais la plume analytique d'un raisonneur subtil a-t-elle rien échauffé ! Il est digne de la philosophie de Fontenelle ou de Zénon, et non de celle de notre siècle, de proposer, au sujet des mœurs, de substituer des dissertations à l'éloquence.

Heureusement cette pernicieuse erreur ne sort guère des écrits philosophiques ou du cercle des conversations ; son poison glacé ne s'est mêlé à aucune de nos institutions politiques ;

au contraire, nos Téophilantropes appellent à leur secours la musique pour échauffer l'imagination par les sens ; ils ont senti l'analogie des sentimens avec les images, et c'est ainsi qu'ils offrent aux regards du peuple les fruits de la terre, pour annoncer la bienfaisance du Créateur : peut-être sont-ils trop parcimonieux dans leurs tableaux, et leur culte est-il trop dépouillé d'ornemens.

Fondés sur des maximes opposées à celles des idolâtres et de l'église romaine, je vois bien ce qui leur fait rechercher cette nudité; mais ils devraient mieux sentir combien les affections les plus pures prennent de consistance par les couleurs de l'imagination, combien l'ame abonde en sentimens et en idées dans la riche végétation du printems, et combien elle se trouve maigre et rétrécie dans la nudité de l'hiver; combien enfin l'homme, qui est le vrai temple de la Divinité et de la vertu, tire d'éclat de la parure. Si la doctrine de l'église romaine est mauvaise, ses moyens étaient bons, sa vaste domination l'a prouvé. Abandonnez-lui ses violences et ses usurpations, mais ne renoncez pas entièrement à cet appareil de cérémonies et à ce luxe de peintures qui lui a captivé l'esprit des peuples; il y aura toujours une assez grande différence entre elle et vous,

si

si vous vous en servez pour propager l'empire de la morale, comme elle s'en est servi pour propager celui de la superstition.

Adieu, mon cher Théodore; voilà une bien grande lettre, graces à ma digression métaphysique; c'est le cas de te rappeler ce que tu as lu dans une note de l'Héloïse, que les lettres des solitaires sont longues : heureux quand elles ne sont pas ennuyeuses !

LETTRE XIII.
Martin à Théodore.

JUNIE ne sort pas de son hameau, cher Théodore, et ce qu'elle fait et ce qu'elle pense se rapporte à son amour; si elle cultive son esprit, c'est pour se rendre plus agréable à son amant; si elle exerce son cœur, c'est pour s'en rendre plus digne; toute sa sensibilité semble tenir à une seule pensée, et je lui ai entendu se reprocher des actes de générosité qu'elle ne t'avait point offerts, à-peu-près comme jadis nos Docteurs chrétiens traitaient de péché les bonnes œuvres que nous faisions sans songer à Dieu. Un amant vertueux est donc l'ange gardien de la vertu dans le cœur de son amante, puisque la vertu est un plaisir, et que le cœur ne sait en goûter aucun sans songer à l'objet qui les rappelle tous. Si mon cœur ne peut se communiquer à celui de Théodore, nous dit-elle, mon imagination applanit tout ; je le vois, cent fois le jour je lui fais des vœux, et l'espérance m'en montre le prix dans son retour, comme elle découvre dans le lointain le céleste séjour aux yeux de l'ame fidelle. O Théodore ! quel charme que l'amour, si tu le sens comme Junie !

Cependant, si l'état de ton cœur me permet de donner suite à mes réflexions politiques, que puis-je te dire ? Je crains que le Gouvernement ne se laisse trop entraîner à un tourbillon de petites considérations sur le compte des Ministres, et qu'il n'hésite trop à couper le nœud gordien qui lie essentiellement certains hommes à l'ancien ordre de choses, soit par le souvenir, soit par l'image toujours présente et toujours sacrée de l'ami malheureux. Je crois enfin, mon cher Théodore, et je dois le dire sans grand effort de raisonnement, qu'il ne faudrait réserver les places éminentes qu'à des hommes nouveaux, d'un mérite éprouvé, mais presque inconnus avant la révolution, et jamais ne se laisser circonvenir par le prestige de ces considérations de civisme ou de gratitude, que l'on mettrait en balance avec de graves inconvéniens.

Tu me dis que la liberté est comme une maîtresse jalouse, pourquoi donc lui donner pour amans des hommes qui en ont eu tant d'autres? N'est-ce pas une raison pour craindre qu'ils n'en prennent de nouvelles, et la liberté n'a-t-elle pas le droit de dire de ses amans ce que César disait de sa femme, qu'il ne faut pas même qu'on les soupçonne.

Comment concilier la confiance publique avec le soupçon, et comment faire le bien public sans la confiance? Rien de tout cela ne passe la portée d'un esprit ordinaire; et si tout le monde en est convaincu, suffit-il de s'en tenir là? Je passe à tel Orateur de Café d'émettre des raisonnemens et des réflexions qu'il oublie sitôt après les avoir faites, mais l'homme en place qui peut et doit exécuter, se contentera-t-il de connaître le mal et de le tolérer? S'il en était ainsi, Théodore, je te dirais de rompre avec les intrigans et les intrigues, et de revenir dans cette terre hospitalière qui t'attend; mais j'augure mieux de mes compatriotes, et je vois dans la conduite du Gouvernement, un esprit de républicanisme qui m'annonce qu'il va devenir plus sévère et plus ombrageux dans le discernement de ses amis.

Alors peut-être l'épuration de tant de sujets équivoques te procurera-t-elle un emploi digne de ton mérite, et des vœux que tu fais pour Junie. Adieu.

LETTRE XIV.
Théodore à sa famille.

Il fallait choisir, mes amis, entre la vie agricole où j'étais retenu par l'amour de Junie, et la vie active où j'étais appelé, par la noble fierté de ne pas laisser mes jours sans honneur. Je n'ai plus maintenant de choix à faire ; toutes les places me sont fermées : l'espérance me quitte, et la patrie semble me repousser de son sein. J'arrose de mes larmes ces rues que, dans l'aurore de la Révolution, j'avais si souvent parcourues sous les enseignes de la liberté ; je n'y marche plus que comme un proscrit, la tête baissée.

Je suis donc forcé de m'exiler de cette terre où mes bras contribuèrent à planter le premier arbre de la liberté, où ma plume traça les premiers vœux d'un français affranchi ; il n'y a point de place pour moi, et la plupart des places sont remplies, ou par des ignorans que le régime de Roberstpierre a fait changer de métier, ou par des Agréables, toujours suspects de royalisme, ou par des individus passifs, simples spectateurs de la Révolution. Et où étiez-vous, lâches, dans les dangers de la patrie ? qu'avez-vous fait pour en partager les bienfaits ? Vous ne paraissez qu'au tems de la moisson, pour nous enlever le fruit de nos travaux, et vous vous flattez que la patrie n'ouvrira jamais sur vous un œil sévère ! l'on vous connait à peine depuis quelques mois, et déjà vous devancez ceux qui, depuis sept ans, n'ont point reposé leur tête ! Est-ce ainsi qu'à l'armée, un nouveau venu, sans autre mérite que l'intrigue, doit supplanter un vétéran ? Eh quoi ! vingt fois vous avez été repoussés des bureaux, vingt fois vous êtes rentrés ; et lorsque le moment de vous connaître est arrivé, l'on demande qu'il soit allégué des faits contre vous ! et n'est-ce pas assez qu'il n'y en ait aucun pour vous ! Franklin aurait-il fait une pareille question ? Qu'as-tu fait pour la Révolution, disait-il à ses compatriotes ? rien. Eh bien ! ne prends pas la place de celui qui l'a servie, et n'abandonne point ton industrie pour une place que tu n'as point contribué à créer.

O ma patrie ! au moment d'une expédition peut-être décisive pour tes destins, pourquoi te voir en proie aux combinaisons de l'intrigue ! des considérations particulières pèseront-elles long-tems dans la balance de tes intérêts, et ne songeras-tu pas à opposer enfin, dans tes agens de toute classe et de tout rang, la moralité la plus éprouvée, à l'or perfide de l'Anglais ? Verras-tu toujours la main qui verse le poison, et ne verras-tu jamais celle qui le reçoit ? et faut-il attendre que l'infâme cardinal Dubois ne soit plus, pour voir l'argent dont les Anglais payaient ses débauches ?

Mes amis, j'ai vu célébrer l'anniversaire de la mort du dernier roi. Le peuple a été à portée de comparer la conduite lâche et perfide de celui qui soudoye les factions, pour le déchirer avec celle du nouveau Gouvernement, qui est parvenu à les détruire. J'ai été témoin de l'amitié réciproque que se sont jurés le Directoire et les Français, et mes entrailles ont tressailli d'orgueil et d'indignation, quand j'ai entendu chanter cette strophe sublime :

> S'il en est qui veuillent un maître,
> De Rois en Rois dans l'Univers,
> Qu'ils aillent mendier des fers,
> Ces Français indignes de l'être.

J'ai cru voir ces lâches mandataires, aussi traîtres, aussi perfides que Louis, et plus coupables que lui, dispersés par un coup de foudre, fugitifs, errans de contrée en contrée, sans patrie, et rampans aux pieds des Rois nos ennemis. Je voyais à leur suite, quelques misérables journalistes, mais tout leur cortège ne les suivait pas. Peut-être un jour les suivra-t-il, et alors, si du fond de ce doux asyle que Junie me prépare, j'apprends quelqu'évènement heureux, je reviens à Paris; mais j'y reviendrai avec elle; car je vais la rejoindre pour ne plus m'en séparer. Je vais donc tomber à ses pieds, et m'avouer vaincu par ses terribles prophéties; ô Junie! de quel œil dois-je regarder tes présages et leur accomplissement. Je ne suis plus rien à la patrie, me voilà mort civilement. Je vais commencer un autre bonheur, celui de l'amour. Mais l'amour et tous les sentimens qui remplissent mon cœur, empêcheront-ils la honte qui suit l'homme inutile, empêcheront-ils le mépris que la société verse sur celui qui se renferme dans une obscure oisiveté; non, je ne pourrais consentir à vivre en cultivateur indolent, dans une campagne; je ne pourrais consentir à être méprisé dans ta conscience, quand même je ne le serais pas dans ton cœur. Ah! Junie! ma chère Junie! toi seule peux guérir mon cœur accablé de maux.

LETTRE XV.
Junie à Théodore.

JE vais donc te revoir, Théodore; je vais oublier avec toi l'Univers, tout s'effacera devant tes regards; tu remplis toute ma pensée, tu remplis tout mon cœur; nous allons nous revoir, nous parler : ah! notre bonheur sera celui des Dieux ! il durerait autant que le leur si nous étions moins parfaits, si la nature nous eut bornés à un seul sens : c'est la multitude des sens qui fait celle des besoins et qui nous ramène à la terre que le plaisir nous fait abandonner. Si l'amour étend la vie, il ne la conserve pas; il est hors de nous d'autres créatures dont il faut implorer le secours, pour qui je suis forcée de m'arracher de tes bras; viens, écoute; faisons un parti avec elle; faisons un pacte avec la nature, pour qu'elle ne trouble point notre bonheur; mettons à côté de notre demeure tout ce qui peut nous y fixer, les présens de la terre et les autres alimens de notre subsistance mortelle ; plaçons-y l'amitié, cette jouissance des cœurs généreux, plus pour lui faire du bien que pour en recevoir.

Veux-tu couper les nœuds de la société des hommes, veux-tu t'affranchir d'un commerce importun, retranche-toi dans ta demeure avec quelques amis et la paisible société de ton amante, de ton épouse. Le tems et ma tendresse t'associeront bientôt de nouveaux hôtes dévoués à l'amour, dont ils seront enfans. Quel bien-être dans la vie, est comparable à l'union

de

de deux cœurs, au commerce de ses amis, à la douce piété de nos tendres parens ! L'ame enivrée de ces affections naturelles hésitera-t-elle de leur obéir ? Que pourrions-nous craindre ou regretter dans l'enceinte d'une famille élevée de nos mains, rendue heureuse par nos bienfaits ? S'il est un principe constant de bonheur sur la terre, il est dans la reconnaissance et la bienfaisance naturelle des pères et des enfans, il est dans la sainte amitié de la vertu et de la génération des êtres.

J'ai quelquefois réfléchi, ô Théodore ! sur l'état naturel des hommes et la condition de la vie ! Contrariée dans ma tendresse, et malheureuse, j'ai senti que le sort m'avoit rangée hors des limites inscrites dans le cœur humain. J'ai vu les autres créatures livrées à leur indépendance, se placer à leur gré dans un ordre conforme à leur nature et à leur instinct, tandis que, née sous le joug de la servitude, j'ai été aussi-tôt enchaînée par mille institutions tyranniques, malgré la noble origine de l'homme, que la nature fit tout au moins aussi libre que les animaux, malgré la répugnance du cœur : mais lorsque nous entrons dans la vie, la société nous présente ses chaînes comme des bienfaits ; et lorsque nous sommes tentés d'en sortir, elle invente, pour nous arrêter, le frein de la reconnaissance.

Pénétrée de ces contrariétés, mille fois plus graves depuis que je les compare aux doux momens que j'ai coulé avec toi, j'ai résolu d'approfondir les fondemens de la félicité des hommes, de connaître les dispositions de leur cœur dans la société générale qu'ils habitent, et d'apprendre d'eux si la destinée de Théodore et la mienne serait de vivre dans une situation forcée malgré le cri de la nature qui s'élève dans nos ames, qui nous dit que le bonheur s'échappe du sein de la multitude, et se concentre dans la petite habitation qui a su une fois l'acquérir. Robek, dit-on, fit l'apologie du suicide avant d'abandonner la vie; nous allons faire, mon cher Théodore, l'apologie de la vie domestique avant de quitter les humains.

LETTRE XVI.

Junie à Théodore.

SE former sous les yeux des auteurs de notre existence, vivre par leurs soins, ensuite par nos propres facultés quand leurs soins nous manquent, c'est la marche commune que les besoins naturels nous imposent; il ne faut pour cela qu'obéir machinalement aux vicissitudes de l'économie animale, et ne conserver de raison que pour la pratique des intérêts grossiers du bien-être physique, mais déterminer sa pensée, la féconder et l'étendre par le pur attrait de la vérité, enflammer ses desirs par le penchant général de l'ambition et par l'amour des superfluités ; tel est l'autre rapport sous lequel la société se présente. Ces deux états réunis forment le cours nécessaire et habituel de la vie sociale. Le dernier, qui est sur-tout l'ouvrage de l'orgueil humain, engendre-t-il plus de biens que de maux par rapport à la santé et au contentement des individus, où doivent converger toutes les parties de la vie humaine? voilà, mon cher Théodore, ce que nous avons à rechercher.

En observant ces guerres qui ébranlent ou renversent les fondemens des États, ces procès, ces querelles qui troublent le repos, soit des particuliers, soit des familles, ces effets continuels de la violence et de l'injustice, ne semble-t-il pas que les hommes se sont plutôt rapprochés pour s'attaquer, que pour admirer leur existence et la défendre? c'est le premier sentiment qui s'offre à notre ame affligée de la méchanceté barbare avec laquelle les hommes se sont de tous les tems poursuivis.

Et cependant la guerre sanglante qui désole tout, d'un bout du monde à l'autre, qui ne laisse pas un asyle à l'innocence, d'un pôle à l'autre, est encore moins désastreuse que les brigues, les cabales ou les complots de l'égoïsme et de l'ambition. Où est la garantie des biens naturels, au milieu de tant de mains attentives à nous les ravir ? où est la sûreté, au milieu de tant d'armes levées sur notre existence fragile ? En vain l'industrie élève péniblement l'édifice d'une fortune médiocre, fondée sur la droiture, nos travaux s'exécutent et se consomment parmi les fureurs de la jalousie, qui, la loi à la main, réussit à nous dépouiller. Toutes les passions douces et bienfaisantes prennent un caractère sombre et envieux ; l'amitié se change en perfidie ou commerce sordide ; l'amour, en jalousie ; la noble fierté, en orgueil ; l'amour de soi, en avarice, cupidité, égoïsme farouche, dureté ; la bienveillance n'ose paraître, et la justice se montre presque toujours sous les traits de l'inhumanité ; la rivalité est dans tous les cœurs ; la concorde, la bonne foi nulle part ; il n'est pas même de notre intérêt de les avoir ; car comme le cœur humain est un abîme, la dissimulation, le mensonge, la fourberie donnent le change sur nos pensées, et nous couvrent d'un masque officieux, à la faveur duquel nous pouvons surprendre l'ignorance ou la simplicité, sans être surpris. L'éducation, les circonstances, la nécessité, donnant ensuite de la consistance, de l'habitude, de l'intérêt personnel à l'économie de nos moyens, l'on peut affirmer avec vérité que nos passions ennemies ont plus de part dans le régime de la société, que nos passions affectueuses et amies.

En effet, combien de fois les gouvernemens dépositaires du glaive destiné à protéger le faible et l'innocent, ne le tournent-ils pas contre son sein? et combien de fois, lorsqu'ils ne lui arrachent point la vie, ne lui ont-ils pas fait souhaiter le terme où il quittera cette scène de tant de malheurs? Qui oserait dire que notre justice ne fait pas périr plus d'hommes qu'elle n'en sauve, tandis que le code de la guerre étend la moralité sur tous les peuples policés. Heureux l'homme, lorsqu'environné de principes de destruction et de malheur, il ne déchire pas lui-même ses entrailles, et n'abrège point sa carrière par le désespoir! car, de tous les êtres sensibles, l'homme social est le seul qui avance le terme de ses jours, et cette frénésie est inconnue au sauvage, qui préfère donner cet emploi, que de l'exercer.

Que de ruines rassemblées autour de l'homme! que d'ennemis de son existence! que d'écueils! que de tyrans! S'il n'avait placé sa demeure au milieu de ses semblables, aurait-il tant à souffrir? serait-il frappé des coups portés au corps social, s'il n'en était point un membre? Outre ses maux particuliers, il n'aurait point à souffrir de ceux d'autrui, il ne pâtirait point dans ses biens, dans sa personne, dans ses proches, de l'ignorance, l'injustice, les caprices, les écarts et tous les emportemens de ceux qui se sont mis à la place de sa raison, pour le gouverner.

Tu gémis, tendre et compâtissant Théodore, sur la tombe de tant de victimes; tu déplores la misère de la condition humaine, condamnée à la société! ô mon ami! si tu en as le courage, achève d'en sonder les plaies, ne laisse aucun coin de ton habitation, à parcourir, et conçois-en une juste horreur! C'est de ce gouffre impur que s'exhalent les crimes avec les maladies; des hommes nés pour être sains, deviennent languissans, sous ce climat infecté de germes putrides; les émanations du corps humain, condensées dans un espace trop serré, deviennent par la fermentation, un poison subtil, que chacun donne, rend par son haleine, qu'il respire avec la vie, et c'est ainsi que la peste plane sur toutes les nations.

C'est peu que l'air destiné à vivifier les êtres, dépose dans leur sein le germe de la mort; que les alimens dénaturés par des apprêts artificiels, altèrent peu à peu la santé qu'ils devraient maintenir et renouveler; que le feu, l'eau, la terre et tous les élémens, principes de la vie, se changent ordinairement, par les combinaisons sociales, en instrumens de ruine et de dévastation; les effets de la société vont bien plus loin. Elle a dépravé la nature, dont elle étouffe sans cesse ou modifie les impressions; souvent elle termine, par un coup violent, la vie humaine, et non seulement elle la consume en détail, par mille fléaux, enfantés par le rapprochement de tant de corps, électrisés par des passions turbulentes, elle est parvenue à la corrompre ou à l'étouffer. Dis-moi ce qu'on a gagné par la société; si les passions individuelles qu'on cherchercherchait à éviter, se sont retirées dans les nations, si, en croupissant dans ces individus, elles s'y sont changées en vices; si tantôt elles empruntent les armes de la loi, tantôt elles échappent à la faveur de l'ignorance; si les desirs, irrités sans cesse par les moyens que leur fournit l'industrie, tuent plus d'hommes par leurs excès ou par leurs privations, qu'il n'en serait mort par la famine ; si les exhalaisons fétides, inconnues à l'homme naturel, qui peut, à chaque instant, changer de lieu, accompagnent par-tout l'homme social, comme une atmosphère artificielle.

O mon chère Théodore ! les douceurs de la vie champêtre ont été placées, par la Providence, entre la misère du sauvage, et les vicissitudes malheureuses de l'homme policé. Dans cette heureuse vie, les habitudes simples et frugales arrêtent la fougue des desirs, et empêchent même qu'on ne les soupçonne ; là, chacun peut donner la mesure de ses besoins. Si, par une saillie de caractère ou de génie, quelqu'un s'élève au-dessus de ses pareils, qu'il règne par les bienfaits, il sera honoré ; mais s'il règne par la terreur, ce n'est plus qu'une bête féroce, qui fait la chasse aux hommes, et chacun s'arme pour le tuer. Voilà ce que seraient les hommes, si le hasard, père des inventions, n'eût point substitué l'art à la Nature. Voilà, mon ami, ce que nous devons être.

Quand je t'invite à te retirer avec moi, ce n'est donc pas t'appeler dans le fond d'un désert ; c'est te rappeler à tes goûts, à tes sentimens chéris, à ma tendresse. Que celui qui ne peut goûter le doux enchantement du cœur, au milieu des plaisirs de l'amitié et de l'ivresse de l'amour,

reste

reste enfoncé dans la société; elle est faite pour lui, il est déjà dépravé.

LETTRE XVII.
Théodore à Junie.

JUNIE! trop ardente Junie! tes sentimens s'exhaltent, ton ame se concentre, et tu perds de vue les devoirs que ma qualité d'homme m'impose. Et quand tous mes compatriotes déchireraient le contrat naturel qui unit les humains, pour suivre un intérêt moins propre à leur nature, dépendrait-il de moi, dépendrait-il de toi, de faire taire dans nos cœurs le penchant qui nous porte vers tout ce qui est sensible? faudrait-il cesser d'être humains, lorsque les hommes seraient plus malheureux? et quand nous pourrions nous passer de leurs biens, pourrions-nous nous séparer de leurs maux? O ma Junie! tu étais sensible avant notre amour, crois-tu ne l'être plus? n'est-ce pas le moment de la bienveillance, celui où l'on est le plus content de soi-même? et pour quelques contrariétés dont il faut porter le fardeau, quand on est appelé à vivre dans une société corrompue, faut-il nous tenir quittes de tous les biens que nous ne comptons pas? Si quelques hommes injustes, rompent à mon égard le pacte de la cité, tous les citoyens l'ont-ils rompu ? combien n'y en a-t-il pas comme moi, qui en gémissent.

Retire-toi dans ton cœur, ma Junie ; vois comme l'amour s'allie à tous les sentimens généreux, comme il nous récompense du bon témoignage de nous-mêmes, et comme il nous punirait, si nous ne l'écoutions pas. Sommes-nous faits pour nous reposer sur les bords du Lignon, et filer nos jours dans la mollesse ? Sommes-nous des héros de romans, ou des amans vertueux, destinés à nous soulager mutuellement du poids du travail et des soins de la vie ? L'amour est comme le feu, qui ne brûle point dans le vide ; il est bientôt éteint dans l'ame qui ne lui fournit point d'alimens.

Comment prouver à Junie l'empire qu'elle a sur moi, si je ne lui faisais aucun sacrifice, si je n'étais capable d'aucun effort généreux, si je ne m'exerçais pour elle, aux difficultés, à la patience, au courage ? Le plus grand prix de sa personne n'est-il pas d'être la récompense d'un patriote utile ? son plus grand charme, de rafraîchir un cœur fatigué par d'illustres travaux ? Qu'est-ce, pour l'ame active et ardente de Théodore, d'exercer des œuvres de bienfaisance, dans un hameau ? oses-tu bien proposer les occupations simples d'un vieillard, à l'amant de Junie? et veux-tu paralyser ses facultés dans une bienfaisance indolente, lorsqu'il peut faire des actes de générosité? Chaque âge doit porter ses fruits, comme chaque saison; tandis que le mien peut porter des fruits de vigueur, tu lui proposes d'en porter d'imbécillité et de faiblesse. Non; je n'ai pas trop de toutes mes facultés, pour mériter l'estime de Junie. Junie doit être placée au sommet du rocher le plus escarpé que puisse gravir son amant.

Tu t'emportes contre les mœurs françaises, et tu enveloppes dans la même indignation, la société générale des humains, comme si tu avais quelque reproche à faire aux mœurs françaises, et encore moins à l'état de société? Tout est ce qu'il doit être, ma Junie; les effets répondent nécessairement aux causes; si les effets sont vicieux, faut-il renoncer à les corriger, et quitterons-nous les hommes, pour imiter les misantropes heureux, qui se plaignent du mal, et ne font rien pour l'amoindrir? Le tableau tronqué que tu fais des misères humaines, est bien peu chargé, si tu ne comptes que les maux; mais à la manière dont tu t'étends, ne dirait-on pas que tu vois une conspiration contre nous, plus que contre les autres, et que nous sommes les seules victimes de tant de fléaux. Consulte mieux tes sentimens, ô Junie! ne prends point pour raison les règles que tu donnes à ta brûlante imagination, et ne sors point de la nature, pour vouloir y rentrer.

Veux-tu reléguer, dans un coin inutile, cette prérogation de l'homme, qui le fait tendre à sa perfection? veux-tu resserrer cette bonté indéfinie, dont l'essence et le mérite est d'embrasser le plus grand nombre d'êtres sensibles? Oses-tu bien appeler vertu, le penchant qui nous affectionnerait mollement à quelques compagnons d'aisance et d'habitude? Oh non! la vertu suppose la force, et il n'y en a point, sans les difficultés qu'il y a d'être bon; ainsi, dans ton système, n'y ayant plus de méchanceté chez les hommes, il n'y aurait plus de vertu dans l'univers.

Ote la société, et tu n'as plus ni arts, ni connaissances, ni tous ces talens de l'esprit, qui nous distinguent des animaux; à peine auras-tu en toute ta vie, une occasion de satisfaire cette bienveillance inépuisable, dont le besoin nous sollicite; il faudrait donc imiter ces sauvages, qui appliquent des ais sur la tête de leurs enfans, pour l'empêcher de grossir; il faudrait comprimer un cœur naissant, pour y dessécher la sève de l'humanité?

Toi qui sais si bien donner le bonheur, ma Junie! serais-tu incapable de le sentir, et ne saurais-tu dire où il est? Tu as été malheureuse dans ta première jeunesse, mais aujourd'hui, tu ne l'es plus, et tu peux revenir d'une erreur de cœur, dont la cause est passée. La vie laborieuse à laquelle tu étais condamnée, jointe à l'incertitude de ton sort, t'ont fait confondre le travail avec l'inquiétude; tu vas quitter le monde, pour mettre en repos ton esprit et ton cœur; mais éviteras-tu l'ennui mortel que fait encore l'inquiétude?

Tu veux être heureuse, et tu te jettes dans les extrêmes! ô Junie! le bonheur n'est point dans le repos du cœur et de l'esprit; il est dans la certitude d'arriver, par un travail quelconque, à ce que l'on desire; et souvent la connaissance du malheur est plus pénible à supporter que le doute qu'on en a; or, parmi les desirs que nous formons, crois-tu que le bonheur de nos semblables ne soit pour rien? Demeurons parmi eux; nous faisons partie d'un peuple si grand par le triomphe des principes si magnanimes! N'es-tu pas glorieuse de vivre à l'ombre du laurier qui ombrage la grande nation? Nous touchons à une époque si brillante pour la raison et l'équité naturelle! nous avons presque conquis la vertu en Europe, et tu veux t'en retirer! Ma chère Junie, la vertu politique a les mêmes principes que l'amour, puisqu'elle repose sur la liberté et l'égalité; l'une et l'autre demandent l'assentiment du cœur; l'amour est une petite république, dont les amans sont les membres; et s'il n'écoutait que son cœur, tout amant est naturellement républicain. Ah! restons républicains, nous en qui une fausse éducation n'a point perverti la raison; ne désespérons point de l'humanité, et gardons-nous d'effacer dans notre cerveau la trace de ces vérités éternelles, si chères à méditer.

En nous occupant du bien d'autrui, n'est-ce pas nous occuper plus solidement de nous-mêmes? en travaillant pour autrui, c'est goûter la joie du cœur la plus pure; et les commodités qui tranquillisent les besoins venant par un échange naturel d'elles-mêmes, c'est alors que le bonheur naît véritablement du bonheur; c'est ainsi, ma Junie, qu'au lieu d'aller le chercher dans des romans, nous pouvons le trouver dans notre propre histoire. Adieu, ma trop sensible amie; prépare-toi à me recevoir avec des sentimens plus dignes de toi.

LETTRE XVIII.

Théodore à Martin.

Tu me fais une question bien indiscrète, Martin; mais tu me supposes assez de franchise pour y répondre, et tu ne te trompes point. Tu me demandes si dans l'état actuel de nos affaires il est possible que les choses aillent mieux qu'elles ne vont; tu sais que je n'admets point de fatalité absolue dans l'Univers, et je ne dois pas en admettre dans la société politique, en accordant à mes semblables l'intelligence d'un intérêt commun et la liberté d'y arriver quand ils en ont le vouloir. Si j'avais jugé par la corruption des tribunaux, qu'il nous manquait un article constitutionnel pour l'organisation de la justice par le discrédit précipité des mandats, récépissé, etc.; par la défiance du commerce et des acquéreurs de biens nationaux, qu'il nous en manquait un pour assurer le crédit public; par les attentats de quelques membres du Conseil, contre la liberté publique, qu'il manquait au peuple un garant de sa volonté envers ses mandataires, à-peu-près comme le tribunal romain ou le jury constitutionnaire de Syeys, je me serais trompé, car ce qui existait à cet égard, n'existe plus.

Maintenant si je crains que les derniers complots reparaisse[nt], [et qu]e la constitution puisse être encore [renversée par les Comités] infidèles, et que je prop[ose d'o]rganiser une dictature, je jugerai non-seulement assez mal de l'esprit du peuple, qui ne demande qu'à être éclairé, mais il serait possible qu'en rappelant l'image d'un despotisme légal, plus affreux mille fois pour des hommes libres, à imaginer qu'à sentir, il n'en résultât un découragement dans toutes les ames, un refroidissement dans toutes les imaginations, un repentir des sacrifices qui n'auraient abouti qu'à légaliser la tyrannie; et quel poison, dans un moment où le français a besoin du sentiment de sa régénération, et des motifs d'indépendance, de volonté, de libéralité, qui seuls, peuvent allumer son patriotisme, dans l'expérience du malheur, et son courage, dans l'entreprise à laquelle il se prépare!

Roberstpierre aussi, avait légalisé le despotisme par la loi, sur le gouvernement révolutionnaire, concentré dans le comité de salut public; il le croyait nécessaire pour fonder la République, et alors, la loi n'existant point encore, il pouvait avoir raison; mais quand la loi existe, vous élevez une puissance physique
au-dessus

au-dessus de la puissance morale. Ce n'était pas la peine de se constituer, ce n'était pas la peine de se mettre en société, et de sortir des bois. J'ai lu dans quelques voyageurs, que certains sauvages d'Amérique, voyant venir le tigre à eux, avaient coutume de se ramasser en peloton, afin que, le tigre sautant sur la troupe, se contentât d'un seul, et n'en dévorât point plusieurs, s'il les trouvait dispersés. Ce résultat est celui de la dictature ; elle nous met sous la griffe du tigre, afin d'éviter le danger de l'anarchie ; et que m'importe d'être sous la main d'un roi tigre ou d'un dictateur tigre ? Est-il absolument impossible que le peuple se sauve sans dévouer aux caprices d'un homme, les citoyens ? Ah ! quittons plutôt une patrie où il faudrait immoler à nos magistrats, nous et nos semblables. La dictature, à Rome, fut un phénomène moral, plus qu'un phénomène politique ; donne-nous les mœurs de Rome, et tu pourras le revoir. Les hommes élevés dans la simplicité des mœurs rustiques, nés dans les murs de Rome, et regardant comme un malheur d'en sortir, plus grands par le caractère que par le génie, jaloux par esprit national des autres nations, et fiers de leur supériorité sur toutes, auraient-ils éprouvé l'ambition de changer les formes politiques, pour avoir un Gouvernement semblable à un

N

autre, pour humilier ce corps vénérable, dont la gloire et la vertu se confondraient avec celle du nom romain. Si Rome eût pu cesser, dans ce tems, d'être république, elle n'aurait plus été cette Rome à qui l'oracle avait promis la domination de l'Univers. Quel rapport tout cela a-t-il avec nous, qu'aucune superstition n'attache au sort de la République, que toutes les superstitions s'efforcent d'en détacher, que l'accroissement des besoins, le pouvoir de la richesse, rendent moins sensibles aux biens de l'opinion, qu'aux jouissances passagères? en qui le système moderne d'économie politique, rendant nécessaires tous les peuples, affaiblit le caractère national, et par conséquent le patriotisme, en donnant plus de ressort à l'intérêt personnel.

Il faut gémir, mon cher Martin, de ce que la perversité des hommes et l'insuffisance de la raison nous empêchent d'enchaîner à la loi toutes les situations possibles du corps politique, et nous force de donner aux pouvoirs constitués, le droit d'empiètement, dans les tems de crise; mais tout en partageant sur ce point, l'opinion d'un écrivain célèbre, je dévoue aux dieux infernaux, tous ceux qui en ont pris ou en prendraient occasion d'aggrandir la puissance du Directoire. Celui qui a écrit qu'il fallait opiner par bras, est ou une ame cadavéreuse, morte à tout sentiment généreux, ou un esprit faux, qui applique aux objets les images incomplètes qu'il voit en lui, un cerveau blessé, que le Gouvernement devrait reprendre, pour l'honneur de la raison, plus que pour celui de la liberté. Si le 18 fructidor a sauvé la France, qui oserait répondre qu'avec d'autres hommes, et dans un autre tems, il ne la perdrait pas ?

Reposons-nous, tandis que nous sommes menacés par les complices des proscrits, sur le bras républicain, qui nous a retirés du joug imminent du royalisme; fermons l'oreille aux voix trompeuses de l'aristocratie, et confions-nous au zèle actif de nos magistrats, du soin de protéger les bons citoyens, dans les nouvelles élections, d'en écarter toute marchandise ou anglaise ou royale, qui s'y introduirait sous le masque du civisme, et de rechercher la moralité des agens subalternes, plus corruptibles que les chefs, comme moins responsables et moins intéressés à l'ordre.

Peu à peu l'instruction publique, dont le Corps législatif s'occupera définitivement un jour, fructifiera parmi le peuple. Les germes de ces lectures philosophiques, répandus parmi notre jeunesse, ces opinions républicaines, déjà acquises dans nos sociétés populaires, se raviveront. On pourra connaître encore le charme de l'indépendance, mais d'une indépendance réglée; le noble orgueil de la souveraineté, inspiré par l'éducation, nourri par les exemples, les récompenses, les monumens, les fêtes se mariant aux consolations de la paix, viendra remplir vos ames d'une autre jouissance que celle du luxe et de la mollesse; c'est alors que la vanité et ses espérances éternelles tomberont, ou qu'il sera du moins possible de marier l'une et l'autre jouissance, par le dégré de splendeur que nos succès donneront au commerce, autant que le luxe et la liberté peuvent s'assortir.

Mais si jamais, dans les tems calmes de la paix, le Directoire perdant de son pouvoir, et le Corps législatif gagnant, par l'opinion, de l'influence, il s'élevait une nouvelle tempête sur la patrie, qu'il soit plutôt nommé pour l'honneur de la souveraineté des tribuns, immédiatement tirés du peuple, et qu'on les charge d'abord de la poursuite des coupables, tandis que le peuple serait convoqué pour les juger.

Voilà, Martin, en quoi je vois, de ce côté, une amélioration, laissant aux publicistes et à qui de droit, à méditer d'autres moyens; mais si le Gouvernement prend chaudement la cause des républicains, tandis qu'il est composé de membres bien intentionnés, en se débarrassant des ignorans et des hypocrites ; si les nouveaux choix répondent à nos vœux ; si la paix s'achève, et si le Corps législatif complète son ouvrage par les institutions civiles, tu verras naître un esprit public et un génie national jusqu'à présent inconnus en France. Suppose maintenant que les peuples nouveaux que notre générosité a créés, ceux que notre modération a gagnés, ceux dont la force invincible de nos armes a triomphé ou triomphera ; que tant de gloire et une réputation si bien affermie jettent de l'éclat sur notre commerce, sur nos rapports politiques, et une illustration immortelle sur nos destins, dis-moi alors quel est celui qui ne porte pas dans tout l'Univers, avec orgueil, le nom français ! Telle est la perspective qui nous attend, vertueux Martin ; notre empire désormais est de commander, par nos principes, à l'Europe ; par notre puissance, à la jalousie tyrannique de nos voisins, par notre équitable impartialité à leurs droits, par notre générosité à leur bienveillance, et de ne recevoir l'influence morale d'aucun peuple. C'est à nous de nous sauver ou de nous perdre ; moi je serai trop heureux, quant à présent, de me réunir à toi pour concourir à l'élection de quelque vertueux citoyen de notre commune.

Je t'adresse une chanson héroïque où j'ai

tâché de faire passer toute l'indignation de mon ame contre l'infâme politique du Ministère anglais; je te prie de la lire à Junie comme un hommage que le patriotisme rend à la beauté et à la vertu.

CHANSON GUERRIÈRE

SUR

LA DESCENTE EN ANGLETERRE.

Air : *De la Marseillaise.*

Allons, Français, bravons les ondes,
La terre manque à nos exploits;
L'orgueilleux tyran des Deux-Mondes
Doit fléchir comme tous les rois. (*bis.*)
Les monts soumis à notre gloire
Céderont-ils à notre élan,
Pour voir aux bords de l'Océan
Briser le char de la Victoire?
Arrachons à la mer son superbe vainqueur,
Suivons, suivons jusqu'aux enfers un barbare oppresseur !

Déjà l'élément infidèle
Se consolide sous nos pas ;
Je vois la surface rebelle
Offrir un pont à nos soldats. (*bis.*)
Notre art, rival de la Nature,
Doit enlever aux élémens

Ces odieux retranchemens
Où la mort cache sa pâture.
Arrachons, etc.

Quels maîtres, tyrans ou avares,
Troublent la paix de l'Univers ?
Les Procustes des tems barbares
Seront-ils donc les rois des mers ? *(bis.)*
Est-ce Chatam ou Polyphème
Qui rend cet oracle nouveau,
Qu'il ne flottera plus de vaisseau
Que de l'aveu de Londres même ?
Arrachons, etc.

Dans les climats les plus sauvages
Où pénétra le nom anglais
Les échos content aux rivages
Ses trahisons et ses forfaits. *(bis.)*
Tributaires de ses rapines,
Les peuples souillés de son or,
Se disent, qui vaincra l'essor
De ce Dragon né de nos ruines ?
Arrachons, etc.

Sa rage empreinte à chaque page
Dans le grand livre du Destin,
Ne doit point survivre à notre âge,
Nous vengerons le genre humain ; *(bis.)*
Nous vengerons l'autre hémisphère
Du sang où ces fameux brigands

Trempent les fers encor sanglans
Qui pèsent sur l'Europe entière.
Arrachons, etc.

De la liberté de vos pères
Vous n'avez plus de monumens,
Anglais, et le cri de vos frères
Vous confond avec vos tyrans ;   (*bis.*)
Brisez, Anglais, le joug impie
De ces fléaux contagieux,
Violateurs des lois dont les Dieux
Font le rempart de la patrie.
Arrachons, etc.

Des Séjan les mânes atroces
Sortent en vain de leurs tombeaux ;
Le siècle des hommes féroces
Fut toujours celui des héros.   (*bis.*)
Brennus frappe le Capitole,
Carthage tombe sous Scipion,
Qui pourrait défendre Albion
Contre le fier vainqueur d'Arcole.
Arrachons, etc.

Arbitre de la République,
Liberté, mère des vertus,
Sur les côtes de l'Armorique
Descends comme aux champs de Fleurus, (*bis.*)
Règne sur l'une et l'autre rive,
Embrase d'un feu dévorant,
Nos cœurs, et d'un tonnerre ardent
Franchis des mers l'onde captive.
Arrachons, etc.

LETTRE

LETTRE XIX.

Martin à Théodore.

Quel est celui, mon cher Théodore, qui vient de répandre, avec tant de profusion, dans les journaux, le projet d'une expédition des Émigrés dans le Canada ? a-t-il jeté les yeux sur la carte, pour juger si elle est possible ? a-t-il cru que le Gouvernement français voudrait accepter des services procurés par la main des traîtres couverts d'un opprobre éternel ? qu'il aiderait, de ses mains triomphantes, à porter le trône de Louis XVIII en Canada, ou qu'il pourrait se lier par une reconnaissance punissable et nécessaire à ceux que la patrie a rayés de la liste des Français ?

Oui, quoiqu'on en dise, vous n'êtes plus Français, vous qui avez trahi la France, armé l'Europe contre elle, allumé dans son sein la guerre civile, qui vous êtes efforcé de faire une vaste solitude de votre pays natal, n'y pouvant règner en tyrans ! vous qui, comme autant de canaux empoisonnés, avez versé sur nous les moyens corrupteurs de l'Angleterre, qui portez encore les armes avec elle quand toute l'Europe demande la paix ! Vous êtes nés

Français, mais vous ne l'êtes plus; vous n'en avez jamais eu le caractère noble et généreux!

Eh! que pourriez-vous pour la France, quand il existerait dans vos cœurs un retour de bonne intention! Le châtiment irrévocable dont le destin vous a frappés est de n'avoir pas plus de pouvoir pour le bien de votre ancienne patrie, que vous n'avez de volonté. Où aborderiez-vous pour votre conquête chevaleresque? serait-ce sur les côtes des Etat-Unis, et le Gouvernement américain sacrifierait-il en un instant son système politique d'amitié avec l'Angleterre, pour donner passage à vos bandes hostiles, pour vous laisser établir à la place de ses alliés naturels? ne serait-il pas aussitôt debout pour dire aux Anglais :

Défendez vos côtes européennes, nous nous chargeons de dissiper la diversion dont on vous menace près de nous ; nous vous avons servi par nos perfidies dans le cours de la guerre, nous allons vous servir à force ouverte dans cette occasion. Vous savez qu'un débarquement par le fleuve Saint-Laurent est impossible ; que la France elle-même avec toute sa puissance ne pourrait y songer à dix-huit cents lieues de ses côtes, pouvant à peine se ravitailler une fois dans un an, et sur une mer couverte de vos vaisseaux. On propose l'exemple des Flibustiers aux Émigrés français, et l'on ignore assez leur caractère héroïque et leur inviolable fidélité, pour leur comparer des hommes qui n'ont su respecter ni foi ni engagement. Vous, Anglais, qui avez vu combattre ces Émigrés, dites s'il y a rien qui ressemble moins à des Flibustiers ? Ceux-ci ne se laissaient jamais prendre, ceux-là se sont plusieurs fois débandés et ont été pris à discrétion ; ceux-ci combattaient des Espagnols lâches et inhabiles, ceux-là auraient à combattre des Anglais aguerris et expérimentés : quelle dérision ! Les uns étaient marins et connaissaient des règles, les autres savent à peine combattre sur terre, et sont, par orgueil, incapables d'être disciplinés. Les Flibustiers avaient une patrie ; ils étaient anglais ou français ; les Emigrés ne sont rien, ne tiennent à rien, et sont hors du contrat de toutes les nations ; nous pouvons nous en servir comme espions ; mais dans un cas d'hostilités dirigées contre vous, Anglais, n'oubliez pas que nous sommes vos amis, et que nous partageons vos dangers.

Tel est le cri de guerre que le Gouvernement anglo-américain répète, n'en doutons pas, contre la France, d'après le Ministère anglais. Si je faisais l'outrage au Directoire de penser qu'il prête l'oreille aux insinuations perfides que des avocats d'Emigrés sèment autour de lui, je lui demanderais donc si c'est comme amis des Bourbons, instrumens politiques de la liberté américaine, qu'il croirait tirer parti des Emigrés auprès du Congrès ou du peuple américain ? ou bien si le génie français adopte plutôt pour son ouvrage cette liberté, monument de scandale pour les rois, qu'il me dise si après avoir fait éclore la liberté par-tout où il a porté ses regards, il voudrait envoyer des fers dans les contrées où maintenant son attention se fixe ? s'il voudrait concourir à porter en Canada l'empire de Louis XVIII, dont il a purgé le sol français ; s'il ne rougirait point de recevoir le concours des Emigrés dans l'expédition d'Angleterre, et d'être forcé de leur accorder le témoignage d'une vertu patriotique lors même qu'ils ne remporteraient aucun succès, car serait-il en son pouvoir de jamais changer l'essence des choses, et de faire qu'une opération qui aurait partagé l'attention de l'ennemi, ne fût pas un service, quand même il ne voudrait pas lui donner le nom de secours ? Il faudrait donc les admettre aussi aux récompenses militaires ; il faudrait, si la fortune devait les seconder, passer avec eux le contrat ignominieux d'une alliance, et reconnaître cette nouvelle France, qu'il serait réservé à des mains infâmes de rétablir. O honte! ô scandale du patriotisme! Je sais bien que la politique moderne s'arrange facilement de ces maximes, mais le Directoire français en a d'autres. Après la bataille de Cannes, le sénat romain préféra armer les esclaves, que de rappeler les lâches qui avaient fui : et qu'aurait-il fait, si ces romains eussent été des traîtres? C'est par de tels sentimens, qu'on imprime la vertu dans les ames. Ce n'est point par une pitié cruelle envers la patrie, que l'on montre l'amour qu'on a pour elle, c'est par la punition des coupables qui l'ont vendue, et qui peuvent encore l'anéantir; c'est par la défiance extrême où l'on doit être, de tous leurs amis. Si les émigrés ont été victimés par les Anglais, la perfidie a fait justice de la perfidie, c'est le cours naturel; voulez-vous le changer? Non; périssent à jamais les perfides! périssent les tyrans! c'est le cri de l'humanité, c'est l'intérêt des Français.

Il ne s'agit pas, si le Gouvernement est trop fort, pour craindre une troupe errante et fugitive; il s'agit de resserrer le faisceau des sentimens républicains, que l'on divise par des amendemens; c'est l'opinion qui forme le lien entre les gouvernemens et les peuples, la laisserez-vous flottante entre la pitié pour nos ennemis, et la justice inflexible, qui appartient aux peuples libres ? Voyez la marche des hommes perfides, ennemis de la liberté; ils atténuent les principes, ils modifient, ils restreignent, ils amendent; la République se maintient, il est vrai, mais le vœu de la liberté n'est pas rempli.

O Brutus ! dont la triste sévérité est le scandale de notre âge, je remercie le ciel de n'avoir mis aucun de nos magistrats dans ton odieuse position; mais puisque la voix du sang ne s'élève point, dans leurs cœurs contre la patrie, puisses-tu être, en tout le reste, leur modèle pour les maximes qui font régner dans les ames, l'empire de la liberté.

En relisant cette étrange invitation aux émigrés, insérée dans presque tous les papiers publics, il ne m'est plus permis, Théodore, de la croire sincère, et je crois y voir un piège pour les attirer sur les flots, comme si l'on disait à l'océan, d'une voix barbare : les émigrés remuent sans cesse autour de nous, et nous inquiètent; nous craignons de manquer de force ou d'intelligence, pour les tenir éloignés; ouvres tes larges abîmes pour les engloutir, et délivre-nous, en un instant, de cette race.

Cependant, tu te rappelles que deux mois environ, avant le 18 fructidor, un membre du cercle constitutionnel y lut un projet d'établissement d'émigrés dans nos colonies, projet qui fut couvert de la plus vive improbation ; et dont il acheva la lecture à l'institut. C'est donc quelque plume compatissante, qui aura voulu, dans ces circonstances, réchauffer ce projet, à-peu-près comme un habile cuisinier a le talent de servir plusieurs fois le même ragoût, en trompant le goût des convives. L'on dira que, pour le succès de ces vues, il faudrait que l'esprit public fût plus relâché, j'en conviens, mais il tend au relâchement, et les bénignes insinuations de la pitié, de la générosité, sont un des moyens d'intrigue. Il y a trois choses, dit le sage, que je ne puis comprendre. La trace de l'oiseau qui vole, celle du serpent qui rampe, et la route que suit la femme adultère : le patriote peut ajouter aujourd'hui : et la trace des pas de l'intrigant.

C'est néanmoins sur cette trace fugitive que se fixe l'œil du Directoire ; on peut le comparer à l'astronome, qui, ne pouvant suivre le cours d'un astre errant, s'attache à fixer certains points dans l'espace, et détermine ainsi sa véritable direction. Ainsi, l'étude du Directoire est d'observer certaines actions, certains principes naturels, dont l'analogie avec les sentimens et la conduite des hommes, dirige le jugement du politique, à travers leurs continuels déguisemens.

Le vaisseau de la contre-révolution dérive sans cesse, mon cher Théodore; tu as vu successivement la faction des émigrés, suivre les royalistes, puis les monarchiens, ensuite les anarchistes, et enfin les constituans; aujourd'hui, c'est la cabale de cette haute noblesse démocrate, qui s'est séparée de la cour; tantôt c'est le marquis de Montesquiou, que l'on désigne pour le Ministère des finances, tantôt le duc de Liancourt, que l'on voudrait rappeler. Je ne sais si tout ceci est susceptible aujourd'hui de prendre aucune consistance. Mais j'ai encore présent le mot d'un des députés royaux, après fructidor: *Nous nous sommes trop pressés.* Je te le répète donc; la résistance des intérêts privés a d'abord tourné les passions contre la liberté; maintenant, la résistance des mœurs, dirigée par les mêmes intérêts, ne cesse de tourner contre elle nos vices. Regardes autour de toi, et tu verras facilement le commentaire de ce que je te dis. Adieu, Théodore, les élections approchent; si ma lettre te parvient, elle te prouvera la nécessité de hâter ton départ, pour venir déjouer l'intrigue.

F I N.

www.ingramcontent.com/pod-product-compliance
Lightning Source LLC
Chambersburg PA
CBHW070525100426
42743CB00010B/1952